工业和信息化普通高等教育
"十三五"规划教材立项项目

全国**电子商务类**
人才培养系列教材

U0734449

电子商务
文案策划与写作

理论、案例与实训

微课版

白东蕊 / 主编

宋文正 王伟萍 / 副主编

E lectronic
Commerce

人民邮电出版社
北京

图书在版编目（CIP）数据

电子商务文案策划与写作：理论、案例与实训：微课版 / 白东蕊主编. -- 北京：人民邮电出版社，2022.3
全国电子商务类人才培养系列教材
ISBN 978-7-115-58183-9

Ⅰ. ①电… Ⅱ. ①白… Ⅲ. ①电子商务－应用文－写作－高等学校－教材 Ⅳ. ①F713.36②H152.3

中国版本图书馆CIP数据核字(2021)第251046号

内 容 提 要

本书内容涵盖众多主流电商平台的电商文案，具有较强的可读性和较高的借鉴价值。全书共 8 章，具体包括电商文案基础知识、电商文案策划与写作准备、电商文案的策划与写作、商品文案的策划与写作、微信营销文案的策划与写作、微博营销文案的策划与写作、电商软文的策划与写作和其他电商文案的策划与写作等内容。本书内容层层深入且实例丰富，为读者全方位介绍了电商文案策划与写作所需的知识和技能，能有效引导读者进行电商文案策划与写作的学习。

本书配套有 PPT 课件、课后习题答案、教学大纲、电子教案、模拟试卷等资源，用书教师可在人邮教育社区免费下载。

本书既适合作为高等院校市场营销、电子商务、企业管理、贸易类等专业相关课程的教材，也适合作为从事电商文案工作相关人员的参考用书。

◆ 主　　编　白东蕊
　　副主编　宋文正　王伟萍
　　责任编辑　孙燕燕
　　责任印制　李　东　胡　南
◆ 人民邮电出版社出版发行　　北京市丰台区成寿寺路 11 号
　　邮编　100164　电子邮件　315@ptpress.com.cn
　　网址　https://www.ptpress.com.cn
　　固安县铭成印刷有限公司印刷
◆ 开本：700×1000　1/16
　　印张：11.75　　　　　　　2022 年 3 月第 1 版
　　字数：270 千字　　　　　　2025 年 8 月河北第 9 次印刷

定价：39.80 元

读者服务热线：(010)81055256　印装质量热线：(010)81055316
反盗版热线：(010)81055315

前言

2021 年 8 月，中国互联网络信息中心（China Internet Network Information Center，CNNIC）发布第 48 次《中国互联网络发展状况统计报告》（以下简称《报告》）。《报告》指出，截至 2021 年 6 月，我国网民规模达 10.11 亿人。10 亿用户接入互联网，形成了规模庞大的、生机勃勃的电子商务市场。《中国电子商务报告（2020）》数据显示，2020 年，全国电子商务交易额达 37.21 万亿元（人民币，下同）。其中，商品类电商交易额为 27.95 万亿元，服务类电商交易额为 8.08 万亿元，合约类电商交易额为 1.18 万亿元。这些数据无不表明一个事实：电子商务市场是一个利益巨大、潜力无限的市场，蕴藏着巨大的商机。

在电子商务时代，电商文案可以说无处不在。文案是营销的灵魂，每一个电商文案创作者都应该是一个高明的销售人员。在"内容为王"的移动互联网时代，电商更离不开优质电商文案的支持。但是写电商文案容易，写出吸引消费者关注的电商文案却不易。随着电子商务的快速发展，企业对电商文案创作者有着巨大的需求。怎样才能策划并写出一篇好的电商文案？电商文案创作者的工作职责与岗位要求又有哪些？怎样才能写出吸引人的电商文案标题？商品详情页文案的写作技巧有哪些？电商软文的写作技巧有哪些？电商软文写作的误区和禁忌又有哪些？怎样进行微信营销文案、微博营销文案、短视频与直播文案的策划与写作呢？很多人对此一无所知。因此，为深入贯彻党的二十大精神，更好地满足和适应电子商务专业和其他相关专业的教学需要，编者编写了本书。

本书的特点如下。

1. 知识结构完备

本书按照"任务目标+案例链接+知识讲解+任务实训+知识巩固与技能训练"的内容结构精心设计，层层递进，知识完备，可明显改善课堂教学效果，有利于提高读者的学习兴趣。

2．案例丰富、新颖，可读性强

本书每章开头都以案例链接的方式引导读者进行学习，并在正文的知识讲解过程中穿插有大量的真实案例。这些案例十分具有代表性且比较新颖，具有很强的可读性和参考性，可以帮助读者快速理解与掌握电商文案写作的技巧和方法。

3．理论结合实训，应用性强

本书以理论知识的培养和岗位技能的提高为目的，通过介绍电商文案基础知识及不同类型电商文案的写作技巧，强化读者电商文案策划与写作的技能。每章知识讲解后设置有任务实训，方便读者进行课后实践。

4．教学资源丰富

本书提供 PPT 课件、课后习题答案、教学大纲、电子教案、模拟试卷等教学资源，用书教师可访问人邮教育社区（www.ryjiaoyu.com）搜索并免费下载。

本书由白东蕊担任主编，宋文正、王伟萍担任副主编。在编写本书的过程中，编者得到了诸多朋友的帮助，还参考了一些学者的研究成果，在此表示诚挚感谢。限于编者水平，本书若有不当之处，欢迎专家读者批评指正。

编　者

2023 年 6 月

目录

第1章 电商文案基础知识

文案是营销的灵魂，要想写出好的电商文案，首先需要了解电商文案的一些基础知识，包括认识电商文案、电商文案策划的主要流程、电商文案创作的常用方法、电商文案创作者的工作职责与岗位要求等内容。

【任务目标】

☐ 熟悉电商文案的定义和特征。
☐ 掌握电商文案策划的主要流程。
☐ 掌握电商文案创作的常用方法。
☐ 掌握电商文案创作者的工作职责与岗位要求。

案例链接

京东商城节日促销文案

京东商城作为国内人气超高的电商平台，做过很多次精彩的节日促销策划。例如，其针对2月14日情人节的促销策划，主题为"爱简单·却不凡"。主题虽然简短，但朗朗上口，而且具备文艺范儿。与传统的直奔促销主题不同，这次情人节促销活动在文案内容与形式上都能彰显京东商城的用心之处。该文案用非常具有感染力的图片加文字的形式，阐述了几组情人的故事。

思考与讨论

1. 为什么需要写好电商文案？
2. 怎样才能写出好的电商文案？有哪些常用的创作方法？

1.1 认识电商文案

互联网的快速发展推动着电子商务不断进步，在这一过程中，电商文案应运而生。下面对电商文案的相关知识进行介绍。

1.1.1 电商文案的定义和特征

电商文案是一种特殊类型的文案，它具备文案的所有特性，主要适用于互联网领域，主要使用对象为电商平台上的商家，目标则是销售商品。

在古代，文案一是指物，也称作"文按"，指公文案卷或办公的桌子，甚至桌子上的相关办公物品都能称为文案，如笔筒、笔洗、笔添、笔架等；二是指人，即坐在桌前写字的人。

现代文案的概念来源于广告行业，是"广告文案"的简称，多指在大众媒体上刊发的广告作品中的所有语言文字。广告文案有广义和狭义之分。广义的广告文案包括标题、正文和广告语，以及广告中的图像和视频等内容。狭义的广告文案只包括标题、正文和广告语。图像和视频具有较强的视觉冲击力，文字具有较深的影响力，两者结合才能让整个文案充满活力。

电商文案是基于网络平台传播的一种文案形式。这些文案以实现商业目的为写作出发点，通过网站、微信、短视频等平台进行发布、传播，以达到获取消费者信任并引发其购买欲望的目的。

电商文案不仅包括文字信息，还包括图片、视频、超链接等元素。多个元素的组合，使电商文案更加具有吸引力。图 1-1 所示为促销广告文案，该文案以文字和图片为主，通过"抢半价""抢红包""买二送一"等文字突出商品的优惠信息，再搭配上精美的商品展示图片，可以迅速让消费者对商品产生非常直观的印象，并刺激消费者点击该促销广告并下单购买。

图 1-1 促销广告文案

✏ 知识点提问

你觉得电商文案是什么？其有哪些主要特征？

电商文案更像是一种营销文案，它不仅展示了文案创作者的文字功底和创新能力，而且还能与消费者直接进行沟通，通过文案展示的内容来吸引消费者，从而使其产生购买商品的欲望。

电商文案主要具有创作目标市场化、平台渠道互联网化、内容表现多媒体化和广告效果可测量化 4 个特征。

1. 创作目标市场化

电商文案的市场化目标主要包括两项：第一，使消费者了解商品信息，明白商品自身的特点，进而有效地促进商品销售；第二，有力地打造品牌形象，增强商品的品牌力，为商品的长期销售奠定基础。

2. 平台渠道互联网化

基于网络特点，电商文案中的用语更加自由和时尚，常常使用互联网流行语，并通过使用网络中流行的新词、热词来吸引消费者的关注。例如，"皮皮虾，我们走"和"洪荒之力"等。

3. 内容表现多媒体化

电商文案拥有更加丰富的内容表现形式和传播途径。进入网络世界，人们看到的是由画面、声音共同组合而成的五彩斑斓的世界。

4. 广告效果可测量化

电商文案广告投放的效果可以通过商品曝光率、转化率等实际数据，在后台进行分析评估。这些数据一方面可以形成庞大的数据库资源，另一方面也方便电商文案创作者适时进行广告创作的修改和调整。

1.1.2　电商文案的传播渠道

为了使发布的电商文案迅速且广泛地传播，商家通常会在不同的渠道发布同一篇电商文案。电商文案常用的传播渠道主要有以下几种。

知识点提问

说一说电商文案常见的传播渠道有哪些。

1. 网站

网站是电商文案传播的主要渠道，绝大部分电商文案都是通过电子商务网站（淘宝网、京东、唯品会等）和品牌的官方网站等进行传播的。

2. QQ

QQ 是一款基于互联网的即时通信软件。商家可以通过 QQ 群或 QQ 空间来发布、传播电商文案，文案内容通常都与品牌宣传相关。

3. 微信

微信是一款社交工具软件。商家可以通过微信朋友圈、微信群等来发布电商文案，也可以通过微信公众号来发布电商文案。

4. 新闻客户端

新闻客户端是一种依靠移动互联网资源，以多种语言符号传播新闻信息内容的全媒体和数字媒体。商家可以通过其实时的信息推送功能和方便的社交互动模式进行电商文案的传播。常见的新闻客户端包括百度新闻、今日头条等。

5. 网络直播

网络直播平台能够帮助商家获得巨大的曝光量，使商家实现更大的商业盈利。很多商家都采用这种传播方式，如主播通过直播向消费者推荐商品。跟硬广告营销相比，这样的购物体验更吸引消费者。直播的优势就是可以快速聚集粉丝，有助于主播和粉丝及时互动，进行二次营销等。

6. 短视频

如今,我国短视频用户已经接近 10 亿户,短视频行业的市场规模已经超过千亿元。短视频作为目前流行的内容产出方式,可在社交媒体平台上实现实时分享和无缝对接功能。因此,短视频也是电商文案的一种传播渠道。图1-2 所示为通过短视频传播电商文案。

图1-2　通过短视频传播电商文案

7. 博客和微博

博客和微博也是传播电商文案的重要渠道,电商文案主要通过商家的企业博客和微博进行传播,这是一种以公关和营销为核心的传播渠道。图1-3 所示为微博平台中的电商文案。

图1-3　微博平台中的电商文案

1.1.3　电商文案的常见类型

根据电商文案在电商业务中的作用不同，我们可以将电商文案划分为展示类电商文案、品牌类电商文案、促销推广类电商文案。下面分别对其进行介绍。

1. 展示类电商文案

展示类电商文案是常见的一种文案形式，其目的是展示商品，促进商品销售。展示类电商文案可以分为横幅展示类广告文案和商品详情页文案。

（1）横幅展示类广告文案

横幅展示类广告是网络广告较早采用的形式，也是目前常见的形式。它可以是动态图像，也可以是静态图像，图像格式可以是 JPG、GIF、Flash 等。当用户单击这些横幅时，通常可以跳转到相关的网页。

横幅展示类广告文案一般比较简洁，往往只是放置一个简短的标题、商品图片或品牌的 Logo 等，主要起到提示作用，引起消费者注意并点击，进而获取更多的广告信息。横幅展示类广告文案通常设置在网页中较为显眼的位置，如网店主页的顶部等。图 1-4 所示为横幅展示类广告文案。

图 1-4　横幅展示类广告文案

（2）商品详情页文案

商品详情页文案就是对商品的具体功能、特点等进行详细描述的文案。商品详情页文案的目的就是促进商品销售。在网上购物，影响消费者是否购买的一个重要因素就是商品详情页文案的优劣，因此很多商家会花费大量的心思在商品详情页文案上。

> **小提示**
>
> 　　电商文案创作者在创作商品详情页文案时，需要提炼商品的核心卖点，用清晰、简洁、真实的语言描述商品的价值，告诉消费者本商品与其他竞争者商品相比的优势，让人一目了然；同时还要让消费者觉得物有所值、物超所值，这样才能真正地打动消费者。

商品详情页文案的撰写需要注意以下几点。

① 商品详情页文案应抓住消费者的黄金三秒注意力。其目的在于推动消费者产生购买行为，因此在商品详情页文案中，电商文案创作者应充分考虑消费者的可接受性，切忌夸大宣传，以免引起消费者的不信任。

② 电商文案创作者要向供货商索要详细的商品信息，因为简单的商品图片不能反映材料、产地、售后服务、生产厂家、商品的性能等信息。相对于同类商品有优势和特色的信息一定要详细地描述出来，这本身也是商品的卖点。

③ 商品详情页一定要精美，能够全面概括商品的内容、相关属性，最好能够介绍一些使用方法和注意事项，更加贴心地为消费者考虑。

④ 商品详情页应该将文字、图像和表格三种形式结合起来进行展示，这样消费者看起来会更加直观，可增加购买的可能性。

⑤ 参考同行网店。电商文案创作者可以参考淘宝"皇冠店铺"的商品详情页文案，特别要重视同行中做得好的网店的商品详情页文案。

⑥ 电商文案创作者可以在商品详情页中添加相关推荐商品，如本店热销商品、特价商品等，让消费者更多地接触店铺的商品，增强商品的宣传力度。

⑦ 要注意在商品详情页中体现服务意识和规避纠纷，一些消费者关心的问题、有关商品问题的介绍和解释等都要有所体现。

商品详情页文案主要围绕商品信息展开，文案内容较多，并用于整个商品展示页面。图 1-5 和图 1-6 所示分别为商品详情页文案 1 和 2，该文案说明了商品的主要卖点、性能参数等信息，让消费者对这款商品的主要功能有所了解并可能产生购买的欲望。

图 1-5　商品详情页文案 1

图 1-6　商品详情页文案 2

2. 品牌类电商文案

品牌类电商文案的主要功能是通过宣传企业的品牌来促进销售。品牌类电商文案是展示企业品牌精神和品牌个性的载体，也是让消费者对品牌产生信任的有效手段。优秀的品牌类电商文案能让消费者直接从文案内容中了解品牌定位、商品属性等。

品牌类电商文案主要通过讲述品牌故事建立与传播品牌形象。一个好的品牌故事既能体现品牌文化的核心价值，又能达到脍炙人口、源远流长的效果。品牌类电商文案可以打造一个企业的文化传说，也可以讲述品牌的创业故事。图 1-7 所示为一款护肤品的品牌故事文案，它体现了商品的品质，给消费者留下了良好的品牌印象。

图 1-7　一款护肤品的品牌故事文案

3. 促销推广类电商文案

促销推广类电商文案是为了对商品或服务进行宣传推广的一种文案，其目的在于通过外部链接吸引更多消费者关注和进行转发，从而达到较好的传播效果。常见的推广平台包括网站、论坛、电子邮件、微博、微信及视频直播平台等。

将促销折扣信息加入电商文案中可以提高点击率，如限时抢购等促销文案让人有一种再不买就会错过的紧迫感。但是，促销折扣信息要尽量简短、清晰、有力。图 1-8 所示为促销推广类电商文案，文案用精练的文字来阐述商品卖点，非常引人注目，能够引起消费者的好奇，从而达到提高点击率的目的。

图 1-8   促销推广类电商文案

1.2   电商文案策划的主要流程

电商文案策划的工作流程在不断发生变化和逐步完善，下面介绍电商文案策划的主要流程，如图 1-9 所示。

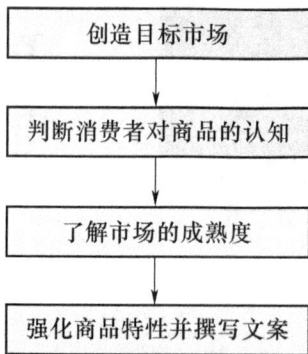

图 1-9   电商文案策划的主要流程

> ✒ **知识点提问**
>
> 你认为电商文案策划的主要流程有哪些。

1. 创造目标市场

当大量消费者都希望做某一件事，或都想要购买某一种商品时，说明这个市场的发展空间非常大，其文案创作也有更大的空间。在撰写电商文案之前，必须充分挖掘消费者的

"渴望"，找到消费者真心"想要"或"渴望"的内容，并将它们在文案中清楚地表达出来。

每一个商品市场都想要满足消费者不同的需求，而电商文案的首要任务就是精准地找到这些需求，然后把它们表述出来，如图1-10所示。

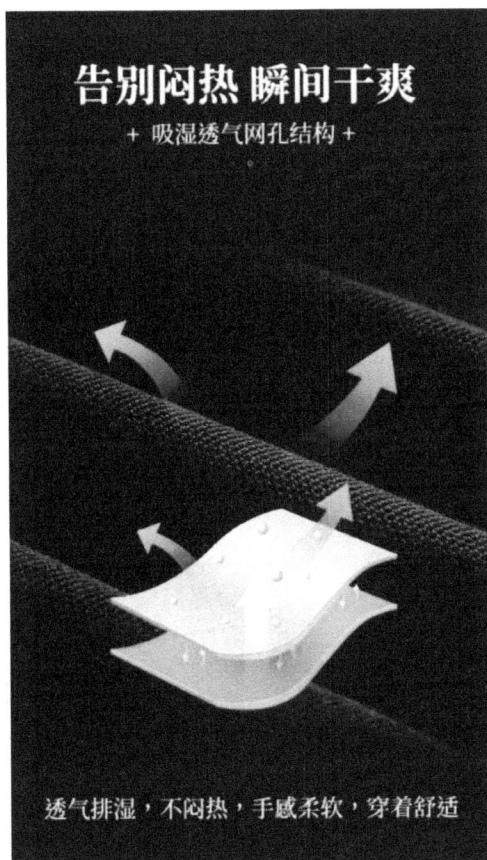

图1-10　电商文案的首要任务是找到需求

2. 判断消费者对商品的认知

创造了目标市场后，就需要了解这部分消费者对商品的认知。电商文案创作者必须思考一个很简单却常常被忽略的问题——消费者对于商品所能满足他们需求和期待的程度有多了解。因此，针对不同类型的消费者，撰写电商文案会有不同的方式。下面将介绍面对不同认知程度的消费者时的电商文案创作技巧。

小提示

电商文案是以销售为目的而写的文案，电商文案创作者需要围绕商品的特点，写出能吸引消费者的内容。因为电商文案的生存时间较短，所以电商文案创作者要在短时间里把有用的消息传递给消费者。

（1）完全了解商品

这种情况是指消费者通常有非常明确的购买目标，以及知道所买商品的用途。所以，电商文案通常不需要使用更多的描述去"推销"，大部分该类型的消费者比较在意的是商品的价格。

（2）了解商品但不愿购买

这种情况是指消费者可能对商品有基础的认识，但并不了解该商品与其他商品的差别，或商家还不能说服消费者购买这种商品。这也是目前市场上大部分商品或品牌面临的问题。这时，商家可以采用以下两个方法加速潜在消费者的转变。

① 用引人注目的电商文案展现商品。通过使用能够带动情绪的字词，让消费者可以"看到"和"感觉到"商品，如图 1-11 所示。电商商品难以让消费者直接接触到，因此电商文案需要用大量的视觉化信息来满足潜在消费者的需求。研究显示，当电商文案能够唤起消费者的"想象力"，让他们感觉到使用商品的情况时，就能大大增强消费者购买的欲望。

图 1-11　展示商品的用途

小提示

如今，电商环境越来越复杂，消费者对于一个商品的平均关注时长不超过 3 秒。对于商家而言，出色的文案确实能够吸引到消费者的关注，所以吸引消费者的注意力就成了重中之重。

② 提供更多可信的保证。当电商文案能提供更多的商品细节、商品评论、代言人保证、国家认证时，商品或服务将更有说服力。需要注意的是，在这个阶段，消费者可能仍在观

望,因此,电商文案要解释该商品与其他商品相比好在哪里,从而引起消费者的购买欲望。

（3）快速上新

这种情况是指商家知道消费者有商品需求,但不知道所提供的商品是否能够满足这个市场。例如,大部分取得科学研究突破的商品、健康相关的科技商品等,通常会被归类在快速上新这个类别中。这种情况下,可以通过以下步骤循序渐进地介绍商品。

✐ **知识点提问**

怎样写出高质量的电商文案?

---

① 展示消费者渴望解决的问题。因为消费者不知道新商品能否满足他们的需求,所以在这个阶段描述商品内容是没有用的,应该直接描述问题本身,也就是消费者可能遇到需要解决的问题。

② 证明商品提供的解决办法可以被实现。这个阶段要告诉潜在的消费者,如何解决他们的问题,并向他们展示这样的想法如何实现。当电商文案能够提供更多的细节时,潜在消费者将会更容易相信商品。

③ 证明商品包含了这样的解决方法。这个阶段要说明和展示该商品解决消费者需求的过程和步骤。

3. 了解市场的成熟度

市场的成熟度指在商品推出以前,市场上有多少相似的商品。也就是说,竞品越多,商品所在的市场就越成熟。这样的市场状况也是目前大部分电商所面临的,此时增加商品的可信度就显得十分重要。下面对市场成熟度的几个阶段进行介绍。

（1）原生市场

这是市场成熟度的第一个阶段。在这个阶段,市场上没有其他相似的商品,没有竞争对手,这时的电商文案需要全面展示商品的内容,吸引消费者去购买。

（2）中度成熟的市场

这是市场成熟度的第二个阶段。在这个阶段,市场上可能有一些相似的商品,而消费者也对那些商品有所认识。在这个状态下,撰写电商文案前应该观察竞争对手是如何描述商品的,他们从哪个角度撰写,用了什么样的营销方式等。然后,在竞争对手的策略上进一步优化。例如,电商竞争火热的女装市场,大部分人会以为这是一个非常成熟的市场,机会很少;但在网络购物日益成熟、年轻人成为电商消费者主力的今天,人们往往容易忽略一些细分领域,如中老年女装、大码女装等。

（3）非常成熟的市场

这是市场成熟度的第三个阶段。在这个阶段,市场上有非常多的类似商品,消费者很难发现新的商品。但是这个市场上依然有受众,市场也会自己更新迭代。例如,家用电器市场就是一个非常成熟的市场,但是随着时间的流逝,消费者的家用电器需要更新换代。同时,随着技术水平的提高,市场上还可能出现新的品牌或商品。

4. 强化商品特性并撰写文案

在做好以上工作后,接下来就需要强化商品特性并撰写文案。大部分商品页面描述都存在重复描写信息、样式过于标准化等问题，这样很难引起消费者阅读的兴趣。只有好的商品页面描述才可以增进电商和潜在消费者之间的关系，鼓励消费者重复购买，甚至是增加购买量。

（1）展示商品特征和消费者获得的优惠信息

文案描述中不仅要说明商品的优点、用法，还需要告诉消费者为什么应该拥有这个商品，告诉消费者他们购买这个商品时能获得的优惠信息，展示优惠信息如图1-12所示。

图1-12　展示优惠信息

（2）定义文案语言的风格

通常情况下，为了不让商品页面看起来太无趣，文案都会使用自己独特的语言风格，目的是和竞争对手有所区别，传播自己的组织文化和彰显自己的个性。简单来说，语言风格独特的文案不仅可以突出商品想要强调的部分，还能传递出友善、平易近人的信息，传达出对每一位潜在消费者的重视和竭力提供服务、解决问题的决心。

（3）设计文案内容

在定义好语言风格之后，就可以对文案的整个页面进行设计了。

1.3 电商文案创作的常用方法

下面介绍电商文案创作的常用方法，包括头脑风暴法、元素组合法、九宫格思考法、五步创意法。

┌───┐
💡 知识点提问

电商文案创作的常用方法有哪些?
└───┘

1.3.1 头脑风暴法

头脑风暴法又称脑力激荡法，是由美国 BBDO 广告公司的亚历克斯·奥斯本提出的一种开发创造能力的集体训练法。头脑风暴法的目的在于产生新观念或激发新创意，这种方法有利于打破常规思维，激发人的创新意识。在不受任何限制的情况下，集体讨论问题能激发人的想象力、热情及竞争意识。人人自由发言，相互影响、相互感染，能形成思维热潮，突破固有观念的束缚，最大限度地发挥人们创造性的思维能力。下面介绍如何使用头脑风暴法。

1. 围绕主题进行联想

头脑风暴法的第一步是审读主题并围绕主题进行联想。思考的时候可以天马行空，但是不能跳出主题所构建的范围。如果要进一步仔细思考和联想，可以寻找该事物的不同特点，发现不同的思考方向，根据每个特点和方向罗列相应的两三个关键词，由此打开新的思路。

2. 确定文案的风格

文案的风格多取决于所要描绘的商品。有趣、温馨、实在、华丽、好玩等，都是文案可能涉及的风格样式。例如，锤子手机的文案自始至终都在表达情怀，用情怀俘获了大量粉丝；某家具公司的文案走的是清新、温馨的路线，如图 1-13 所示。它为消费者营造出家的感觉，并时刻提醒消费者什么是有质量的生活。所以，电商文案创作者需要先了解文案有哪些风格，然后再确定使用哪一种风格。

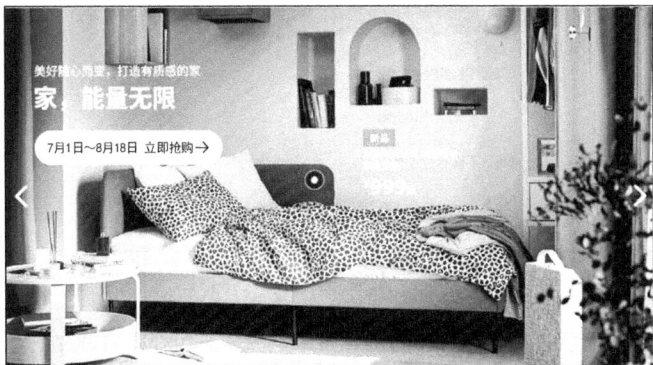

图 1-13　某家具公司的文案

3. 理解文案的主题

电商文案创作者要认真思考文案的主题是什么？应该在哪里使用？为什么消费者会使用和接触商品？该主题一般在什么时间点用得比较多？消费者对其进行了怎样的评价？思考完这些，电商文案创作者就能对这个商品或品牌有一些明确的想法，便于进一步确定文案的主题。

4. 更换角度，搭建使用场景

电商文案创作者向别人抛出一个商品或问题前，先假设自己正在使用某商品或正在做某件事，即换一个角度，站在第三方的立场来看待这个问题，根据一些决定性因素思考别人可能会有的想法，把自己当成消费者来搭建使用场景。使用场景被搭建出来后，应当具体化成生活中容易理解或令人意想不到的事。例如，香飘飘奶茶的文案，“一年卖出七亿多杯，杯子连起来可绕地球两圈”。

5. 参考外部信息

在撰写文案前，电商文案创作者可参考各种外部信息进行综合整理，如已完成的案例、外部素材、流行热点等。

（1）已完成的案例：从中寻找各个案例的异同点，判断其价值，再去寻求差异化，从而为撰写文案提供参考。

（2）外部素材：如在看淘宝热搜关键词排行榜和热门微博时，可以从淘宝和微博搜索栏中搜索关键词来寻找参考，淘宝热搜关键词排行榜如图 1-14 所示。

最近7天 ▾ 行业热搜词排行　　导出数据

序号	热搜词	热搜指数
1	手机[相关词查询]	2688990
2	手机 老人机[相关词查询]	773827
3	华为手机[相关词查询]	675005
4	huawei[相关词查询]	457453
5	华为[相关词查询]	457453
6	iPhone 6S[相关词查询]	402630
7	iPhone6s[相关词查询]	402630
8	智能手机[相关词查询]	359260
9	小米[相关词查询]	310299
10	老年人手机[相关词查询]	304898

1 2 3 4 5 6 … ›

图 1-14　淘宝热搜关键词排行榜

（3）流行热点：结合时下热点，借热点带来的流量，再在结合商品的基础上搜索和参考同行业的文案风格。

6. 修改并确定文案

撰写文案并进一步修改文案的内容。考虑文案可行与否,有没有向消费者明确地传达出商品的特点和亮点,是否能够触碰到消费者的痛点,这些都是文案修改过程中需要重点关注的问题。在条件允许的情况下,电商文案创作者可以把文案初稿向其他人展示,让他们进行讨论和评价;最后再确定文案的内容,并对其进行最终的审查。

1.3.2 元素组合法

美国广告创意学者詹姆斯·韦伯·扬在《产生创意的方法》一书中给创意下了定义,即创意是旧元素的新组合。元素组合法就是据此来实现创意思维的一种方法,具体来说,就是不同元素的组合常常能带来意想不到的创意。

在进行文案创作时,元素组合法要求电商文案创作者根据文案的主题目标,先随机填写一些关键词(元素),再把这些关键词与商品或服务进行联想,看看它们能否搭配出一些全新的创意。元素组合法把每一个卖点都看成文案写作的一个元素,然后将这些元素进行组合,最终形成核心卖点,并通过文案展示出来。在图 1-15 中,电商文案创作者将该商品有卖点的元素展示出来,然后利用元素组合法将卖点组合在一起,形成了商品的核心卖点。

图 1-15　元素组合法

1.3.3 九宫格思考法

九宫格思考法是培养创意的简单练习法,很多人常用这种方法构思文案的策划方案或演讲 PPT 的结构等。

1. 九宫格思考法的操作步骤

九宫格有助于扩散人的思维,用九宫格思考法创作电商文案时,要把商品名写在正中间的格子内,再把由商品引发的各种联想写在其余 8 个格子内。九宫格的填写方式如图 1-16 所示。

联想	联想	联想
联想	**商品**	联想
联想	联想	联想

图 1-16　九宫格的填写方式

九宫格思考法的具体操作步骤如下。

（1）拿一张白纸，先画一个长方形，再将其分割成九宫格，将主题（商品名称等）写在正中间的格子内。

（2）将与主题相关的联想任意写在旁边的 8 个格子内，尽量用直觉，不用刻意寻求"正确"答案。

（3）尽量扩充 8 个格子的内容，鼓励反复思考、自我辩证，先前写下的内容也可以修改。

对于电商文案创作而言，我们可以采取下面两种填写方式。

① 依顺时针方向填写：按照顺时针方向把自己所想到的要点填进格子，循序渐进、由浅入深地对商品卖点进行挖掘。

② 从四面八方填写：将自己所想到的要点填进任意一格，不用刻意思考这些要点之间有什么关系。

2. 填写九宫格的注意事项

使用九宫格思考法进行电商文案策划时，我们应注意以下事项。

（1）想到就写，只要是围绕核心主题产生的联想，都可以填写到主题以外的其他 8 个格子中。

（2）8 个格子填满后，还可以多填写两张九宫格。

（3）九宫格中的每一个单项都可以进行细分，甚至可以细分出另一张九宫格。这样，电商文案创作者可以把单项部分再一一整理，从而得到更加细致的内容。

（4）用词简明。为了使九宫格清楚且易懂，电商文案创作者应该使用简明的字或关键字进行描述。

（5）尽量填满。九宫格是电商文案创作者围绕核心主题进行思维发散的一种解决问题的方法，为了给核心主题提供更多的想法和解决思路，应该尽量将每一个格子都填满。

（6）重新整理。第一次填写九宫格可能会存在不符合逻辑等问题，此时可以重新思考整理以建立更好的九宫格模型。

（7）经常检讨。当掌握了九宫格的使用技巧后，电商文案创作者就会产生更多的想法，因此经常修正九宫格的答案，对电商文案创作者的实际行动更有帮助。

（8）放慢思考。九宫格中的每一个格子都可以让电商文案创作者在某个核心概念下进行深入思考，因此电商文案创作者可以适当放慢速度，以获得更符合实际需求的答案。

（9）提供行动依据。填写九宫格的最终目标是提供一个有效的行动指引，因此要求能够体现实际的核心主题，并能有助于采取实际行动。

1.3.4　五步创意法

五步创意法是美国广告创意学者詹姆斯·韦伯·扬创造的，顾名思义，这种方法需要用如下五个步骤来完成文案的创作。

步骤一，收集原始资料。原始资料分为一般资料和特定资料。一般资料是指人们日常生活中所见所闻的令人感兴趣的事实。特定资料是与商品或服务有关的各种资料。文案创作所需的要素大多从这些资料中获得，因此要获得有效的、理想的创意，原始资料必须丰富。

步骤二，内心消化。思考和检查原始资料，对所搜集的资料进行理解性的吸收。

步骤三，放弃拼图，放松自己。在这一阶段，电商文案创作者不用做任何努力，尽量不要去思考有关问题，一切顺其自然。简而言之，就是将问题置于潜意识之中。

步骤四，产生创意。詹姆斯·韦伯·扬认为，如果上述三个步骤电商文案创作者都认真踏实、尽心尽力去做了，那么，步骤四会自然而然地出现，即灵感会在没有任何先兆的情况下突然出现。换言之，创意往往是在竭尽心力、停止有意识的思考后，经过一段停止搜寻的休息与放松后出现的。

步骤五，修正创意。一个新的构想不一定很成熟、很完善，它通常需要经过加工或改造才能适合现实的情况。

1.4　电商文案创作者的工作职责与岗位要求

电商文案创作者需要具有一定的营销策划和文案撰写能力，同时还要求知识面宽广、思维活跃。电商文案创作者需要了解很多知识，及时掌握很多热点。下面介绍电商文案创作者的工作职责与岗位要求。

1.4.1　电商文案创作者的工作职责

要想成为一名合格的电商文案创作者，首先需要了解其工作职责，电商文案创作者的工作职责主要包括以下几项。

（1）负责撰写公司在电商平台（天猫、京东、唯品会等）的商品描述，提炼商品卖点和创意。根据公司品牌定位及商品风格，撰写商品的展示类文案，挖掘商品卖点，吸引消费者注意。

（2）负责公司品牌文案、营销广告语、微博稿、微信稿、新闻稿、软文等各类文案的策划和撰写工作。

（3）了解并学习平台规则，分析竞争对手的文案策划特点，洞察消费者心理，撰写文案，提升公司和品牌的形象。

（4）熟练掌握各类网络推广平台的文案撰写推广方法，如论坛推广、微商推广、SNS推广等。

（5）完成与运营相关的文案创作要求，为商品提供文案支持，参与并协助公司团队完成推广方案的策划和撰写。

1.4.2　电商文案创作者的岗位要求

电商文案创作者除了要具备写作技能外，还必须具备市场运营的敏感性和分析能力，具有敏锐的洞察力和丰富的想象力。除此之外，电商文案创作者还要满足能够胜任该岗位的基本要求，主要包括如下几点。

（1）熟悉专业创意方案，思维敏捷，洞察力强，有丰富的想象力与优秀的创造力，洞悉广告文案的表达。

（2）拥有良好的文字功底，优秀的文案策划能力、PPT 制作及陈述能力；文笔流畅，有良好的写作品牌故事、新闻稿、企业软文、商品软文、微信软文、论坛文章等方面的能力。

（3）对新媒体的新鲜感和敏感度高，能透过现象看到本质，善于抓住舆情趋势，对互联网及电商行业的热点和网络文化有高敏感度和较强的理解能力。

（4）电商文案创作者需要与各部门的工作人员进行沟通和协调，因此需要具有良好的团队合作能力。

（5）思维活跃，有创意，善于从多样化的角度去看待事物，找到分析事物的不同切入点。

（6）具备高度的责任感及严谨的工作态度，坚持爱岗敬业、诚实守信的工作作风，能承受一定的工作压力。

拓展案例

最美教师张桂梅爱岗敬业，勇于担当

张桂梅是云南省丽江市华坪县女子高级中学党支部书记、校长。她一心扑在工作岗位上，不断学习先进的教学经验和教学方法，用一颗纯粹之心引导学生们成长，为山区女孩改变命运、阻断贫困代际传递做出了重要贡献。她四处奔走筹集经费，将安稳的一生变成了坎坷的一生。她推动创办了全国第一所全免费的女子高级中学，为了不让一名女孩因贫失学，坚持家访 10 多年，遍访贫困家庭 1300多户，行程十余万千米。她自觉树立崇高的职业理想和坚定的职业信念，将立德树人、教书育人作为自己的神圣职责和使命，努力培养担当民族复兴大任的时代新人。

岁月催人老，却不负有心人。每个人都会老去，应该怎样对待自己的工作和职责，张桂梅做出了回答。她数十载呕心沥血换来桃李芬芳，扎根乡土传道授业成为时代楷模。

🖥️ 任务实训——拟订招聘电商文案工作岗位要求

🔍 实训目标

为了帮助读者进一步了解电商文案的相关知识，下面进行本章的任务实训。

🔍 实训内容

某电商网站需要招聘几名电商文案创作者，请你拟订相关工作岗位要求，具体可参考以下途径。

（1）通过搜索引擎搜索有关电商文案招聘的相关信息。

（2）查看一些知名网络招聘平台对电商文案工作岗位的要求。

（3）对比并总结电商文案的工作职责和岗位要求。

🔍 实训练习

在百度招聘网站的搜索引擎中搜索并查看相关职位信息，通过企业的官方网站查看电商文案的相关招聘信息，填写电商文案的工作职责和岗位要求。

🔍 实训分析

很多人都有这样的困惑：电商文案到底是一个什么样的岗位？顾名思义，这个岗位适用于电商行业。电商文案创作者需要具有一定的营销策划和文案撰写能力，同时还要求知识面宽广、思维活跃、逻辑清晰。广义的电商文案岗位包括品牌策划、活动策划、平面设计、新媒体运营、美工设计等所有与电商营销、宣传和推广相关的工作岗位。

📖 知识巩固与技能训练

一、填空题

1. ＿＿＿＿＿＿＿＿＿＿是基于网络平台传播的一种文案形式。这些文案以商业目的为写作的出发点，通过网站、微信、短视频等平台进行发布、传播，达到获取消费者信任并引发其购买欲望的目的。

2. 电商文案主要具有＿＿＿＿＿＿＿＿＿＿、＿＿＿＿＿＿＿＿＿＿、＿＿＿＿＿＿＿＿和＿＿＿＿＿＿＿＿＿四个特征。

3. 根据文案在电商业务中的作用不同，我们可以将电商文案划分为＿＿＿＿＿＿＿＿＿＿、＿＿＿＿＿＿＿＿＿＿、＿＿＿＿＿＿＿＿＿＿。

4. ＿＿＿＿＿＿＿＿＿＿就是对商品的具体功能、特点等进行详细描述的文案，其目的就是促进商品销售。

5. ＿＿＿＿＿＿＿＿＿＿是培养创意的简单练习法，很多人常用这种方法构思文案的策划方案或演讲PPT的结构等。

第一章 电商文案基础知识

19

二、选择题

1. 电商文案是一种特殊类型的文案，它具备文案的所有特性，主要适用于互联网领域，主要使用对象为电商平台上的（　　）。

   A. 消费者　　　　　　　　B. 商家　　　　　　　　C. 客户

2. （　　）是电商文案传播的主要渠道，绝大部分电商文案都是通过电子商务网站和品牌的官方网站等进行传播的。

   A. 网站　　　　　　　　　B. 微博　　　　　　　　C. QQ

3. （　　）是常见的一种文案形式，其目的是展示商品，促进商品销售。

   A. 展示类电商文案　　　B. 促销推广类电商文案　　　C. 品牌类电商文案

4. （　　）是实现创意思维的一种方法，具体来说，就是不同元素的组合常常能带来意想不到的创意。

   A. 元素组合法　　　　　B. 五步创意法　　　　　C. 九宫格思考法

三、简答题

1. 什么是电商文案？电商文案的特征有哪些？
2. 电商文案常见的传播渠道有哪些？
3. 电商文案的常见类型有哪些？各有什么特点？
4. 商品详情页文案的撰写需要注意哪些方面？
5. 电商文案策划的主要流程是怎样的？

四、技能实践题

练习使用五步创意法撰写电商文案（见表1-1）。

表1-1　使用五步创意法撰写电商文案

	概述	详细操作步骤
第一步	收集原始资料	原始资料分为一般资料和特定资料。要获得有效的、理想的创意，原始资料必须丰富
第二步	内心消化	思考和检查原始资料，对所搜集的资料进行理解性的吸收
第三步	放弃拼图	尽量不要去思考相关问题，一切顺其自然
第四步	产生创意	经过前面三个步骤后，产生创意
第五步	修正创意	一个新的构想不一定很成熟、很完善，需要经过加工或改造

第2章 电商文案策划与写作准备

电商文案创作者为了促进商品的销售，需要做好电商文案策划与写作的准备工作，包括认识和分析市场，熟悉商品的分类、生命周期、特性和品牌形象，分析目标受众等。此外，电商文案创作者还要具备敏锐的市场眼光，对市场和商品卖点有深刻的认识。只有做到这些，电商文案创作者才能结合商品卖点找准消费者的购物习惯，促进商品的销售。

【任务目标】

- ☐ 认识和分析市场。
- ☐ 掌握商品的分类、生命周期等。
- ☐ 掌握分析目标受众的方法。
- ☐ 提炼商品卖点的方法。

案例链接

旅行社文案被疯狂转发

在"注意力经济"时代，如何从各种新闻、广告、娱乐资讯等信息资源中争夺消费者的注意力，激起他们的好奇心，让他们愿意阅读下去，成了电商文案创作者要思考的问题。电商文案就像一种商品，需要经过电商文案创作者的精心设计和仔细打磨才可能获得消费者的关注，进而获得消费者的好感，促使消费者积极互动、主动转发，并最终达到商家的营销目的。

只要半个平方米的价格，日韩新马泰都玩了一圈；

一两个平方米的价格，欧美列国也回来了；

下一步只好策划去埃及、南非这些更为神奇的地方；

几年下来，全世界你都玩遍了，可能还没花完一个厨房的价钱；

但是那时候，说不定你的世界观都已经变了；

生活在于经历，而不在于平方米；

富裕在于感悟，而不在于别墅。

这是北京某旅行社的广告文案，此文案一出，就被各大文案网站、广告设计师及电商文案创作者的社交网站转发。这篇文案将北京居高不下的房价和旅行社的旅游价格进行比较，为目标消费者算了一笔"心动账"，刺激深受北京高房价压力困扰的人去旅游。

优秀的电商文案要通过洞察和把握消费者的痛点，用创新的表达方式带动消费者的内心节奏，引起消费者的共鸣。电商文案是消费者了解商品的桥梁。因此，电商文案创作者就要策划和撰写高质量的电商文案，让消费者通过文案感知商品的人格化魅力和品牌形象。

2.1 认识和分析市场

为了明确销售商品的市场状况,写出具有针对性的电商文案,电商文案创作者的第一项准备工作就是进行必要的市场调研和市场环境分析,从而为电商文案写作提供客观准确的数据。

2.1.1 市场调研

市场是不断发展变化的,其发展一方面受到政治、经济、文化、科学技术等市场环境的影响,另一方面受到资金、商品、价格、销售、广告等市场因素的影响。电商文案创作者如果想要文案达到预期的效果,就要通过市场调研及时了解和获取各种因素的变化,从而写出有针对性的电商文案。市场调研在电商文案写作中的作用主要有以下几点。

知识点提问

你认为应该怎样做好市场调研。

(1)为电商文案写作提供素材。电商文案创作者只有对商品所处的市场进行深入的了解和分析,才能为电商文案写作积累各种创意素材。

(2)为电商文案写作提供科学依据。市场调研的结果可以作为电商文案写作的参考,并为电商文案的策划和创新提供科学依据。

(3)有利于测评电商文案的营销推广效果。对商品的市场营销推广效果进行调研,可以帮助电商文案创作者对文案的效果进行测评,评估其是否能够达到营销推广的目标。

电商文案创作者一定要分析市场调研的结果,理解广告策划的意图,最好能亲自参与市场调研和广告整体策划的过程,这样才能写出真正优秀的文案。

2.1.2 市场环境分析

市场环境主要是指市场营销环境,即一切影响和制约企业市场营销决策和执行的宏观市场环境和微观市场环境的总和。市场环境分析就是指对这些环境因素进行汇总分析。

1. 宏观市场环境分析

宏观市场环境是指企业无法直接控制的因素,是通过影响微观环境来影响企业营销能力和效率的一系列巨大的社会力量,包括人口、经济、政治法律、科学技术、社会文化及自然生态等因素。由于这些环境因素对企业的营销活动起着间接的作用，所以又称为间接营销环境。

2. 微观市场环境分析

微观市场环境是指与企业紧密相连，直接影响企业营销能力和效率的各种力量和因素的总和，主要包括企业自身、供应商、代理商、消费者、竞争对手及社会公众等因素。由于微观市场环境因素对企业的营销活动有直接影响，所以又被称为直接营销环境。

2.2 认识商品

商品认知是指消费者对商品基本信息的了解与熟悉程度。电商文案创作者一定要在熟悉商品的基础上开展文案写作，这样才能使写出的文案内容符合商品的特点，体现出商品与众不同的卖点，进而吸引有相关需求的消费者。商品认知主要包括商品的分类、商品的生命周期、商品的特性和商品的品牌形象等内容，下面分别对其进行介绍。

2.2.1 商品的分类

商品的分类是指为了一定目的，根据商品的属性或特征选择合适的分类标准，将商品按照品类或品目，以及品种、花色和规格等进行分类。

商品的用途、原材料、生产工艺、商品成分等是商品的本质属性和特征，是商品分类中常用的分类依据。

✏ 知识点提问

生活中常见的商品有哪些分类方式？

---

1. 商品用途分类

商品是为了满足人们生活和工作的需求而被生产出来的，因此商品的用途是直接体现商品价值的标志，也是进行商品分类的一个重要依据。按商品用途分类，便于消费者比较相同用途的各种商品的质量、产销情况、性能特点、功能等，并且能方便消费者对比选购。

2. 原材料分类

原材料是决定商品质量和性能的重要因素，通过原材料对商品进行分类，能从本质上反映出各类商品的性能、特点。原材料分类方式适用于商品原材料比较多，且原材料对商品性能起决定作用的商品。

3. 生产工艺分类

对于相同原材料的商品，可以通过生产工艺来进行分类，其优点是生产工艺的不同突出了商品的个性，有利于销售和工艺的革新。例如，将茶叶按照不同的生产加工方式进行分类，可以分为绿茶、红茶、白茶、黄茶和乌龙茶等。

4. 商品成分分类

商品成分往往对商品的性能、质量和用途起着决定性的作用，特别是对于主要成分相同但包含某些特殊成分的商品，这些特殊成分可以使商品的性能、质量和用途完全不同。

5. 其他分类方式

除了以上分类依据外，商品的外观形状、产地、生产季节和流通方式等都可以作为商品的分类依据。

?? 小提示

电商文案创作者要在充分了解商品分类的基础上，准确判断出商品分类的依据，并将此依据作为电商文案写作的参考内容之一。其中，商品用途、原材料、生产工艺是比较普遍的、经常出现在商品详情页文案中的内容；商品特色，如品牌、外观、特价等具有特殊代表性的元素则常出现在商品标题文案中。电商文案创作者要根据商品自身的属性来合理选择分类方法。

2.2.2 商品的生命周期

商品的生命周期是指一种商品从开始进入市场到被市场淘汰的整个过程。一般来说，商品的生命周期包括萌芽期、成长期、成熟期和衰退期四个阶段，如图 2-1 所示。不同商品有其自身的特性和市场需求，因而生命周期往往不一样。

商品的生命周期

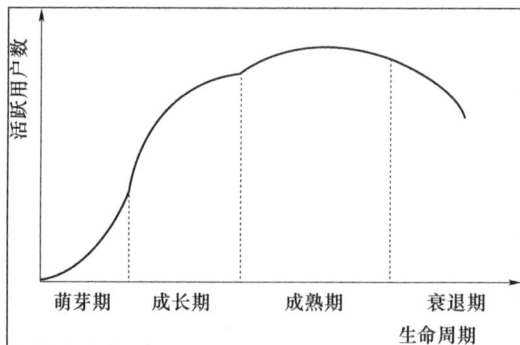

图 2-1　商品的生命周期

电商文案创作者在撰写某个电商文案时，必须明确该商品所处的生命周期，进而采取不同的写作策略。

（1）当商品处于萌芽期时，商品刚进入市场，消费者对商品不甚了解，商品销量少。电商文案要侧重突出商品的新特点、新功能，可以使用一些具有时尚感和新奇感的语句以引起消费者的注意。图 2-2 所示为商品萌芽期文案。

图 2-2 商品萌芽期文案

（2）当商品处于成长期时，广大消费者已经了解和熟悉商品，商品销量增加，利润上升。电商文案要侧重宣传商品的优势和品牌实力等。图 2-3 所示为商品成长期文案。

图 2-3 商品成长期文案

（3）当商品处于成熟期时，商品已为广大消费者所接受，销量稳定，甚至达到顶峰。电商文案要注重宣传商品的售后服务、附加值等，以培养消费者对品牌的忠诚度。图 2-4 所示为商品成熟期文案。

（4）当商品处于衰退期时，商品销量迅速下降，利润减少，直到商品被淘汰而退出市场。在这个阶段，商家可以适当减少广告宣传，把精力集中到新一轮的新商品广告宣传中。

图2-4　商品成熟期文案

2.2.3　商品的特性

商品的特性是指商品本身所固有的性质，是商品所具有的特定属性，如服装商品的特性包括服装风格、款式、面料、品牌等。这些特性可以看作商品性质的集合，可用于区别不同的商品。

电商文案创作者在写作文案前要熟悉商品的特性，找出商品与其他商品的差异性，只有突出自身特点才能吸引更多消费者点击并浏览内容，以增加成交机会。了解商品特性是电商文案策划成功的基础，也是打动消费者和体现专业性的一个重要的努力方向。电商文案创作者了解商品特性后才能更好地进行电商文案的写作，因此，消费者对电商文案是否接受很大程度上取决于电商文案创作者对商品特性的了解。

1. 商品的性质

电商文案创作者只有了解商品的材质构成、尺码规格、颜色、适用身高体重等性质，才能写好商品的文案。图 2-5 所示的某羽绒服的文案中介绍了商品的性质，包括商品的含绒量、商品风格、商品指数、尺码信息等。

图 2-5　商品的性质

2. 商品的特点

商品的特点在一定程度上代表了该商品与同类商品相比较所具有的优势，如面料更透气，衣服可以正反穿，款式独特，限量发售等。图 2-6 所示的某羽绒服的文案突出了商品特点——防钻绒科技。

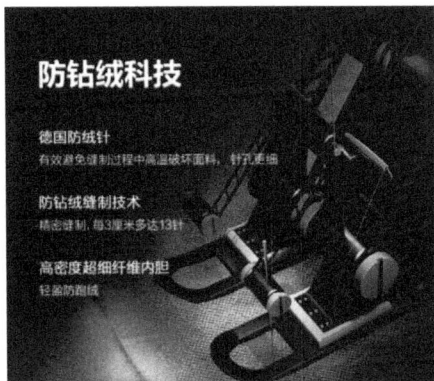

图 2-6　商品特点

3. 商品的利益

在电商文案中，如果商品的优势不能有效地转化为消费者的利益，消费者就不会轻易被打动，因为消费者购买商品多是为了满足自己的某一个利益需求。

电商文案创作者也可以通过以上对商品的性质和特点等内容的分析来确定商品的价值，包括使用价值和非使用价值。电商文案创作者在写作电商文案时，既要体现商品的使用价值，又要体现其非使用价值，这样才能提高商品对消费者的吸引力，使商家获得更加可观的收益。

2.2.4　商品的品牌形象

商品的品牌形象即在广告宣传中通过表现消费者享用这种商品时的风度、形象或生活氛围，给人以心理的冲击，从而吸引消费者。商品的品牌形象是处在竞争中的一种商品或服务差异化含义的联想集合。

商品的品牌形象

品牌联想是消费者建立品牌形象的重要途径。品牌联想是消费者在与品牌的长期接触中形成的，它们反映了消费者对品牌的认知、态度和情感，同时也预示着潜在消费者未来的行为倾向。通常情况下，消费者对某一品牌的联想包括公司形象、商品或服务形象、社会形象、环境形象等。

🤔 **小提示**

当同类商品出现了大量不同的品牌之后，每种品牌的商品品质大同小异，商家已经很难在广告中强调自己拥有某些别人不具备的特色。对此，大卫·奥格威提出了商品品牌形象策略，使商品具有与其他商品不同的形象特征。

奥格威认为：一个商品如同一个人，也应该有自己的形象。这个形象是由广告策划者根据商品的个性及其消费对象的审美情趣设计出来的。这个形象就是商品的个性，广告所推销的正是这种设计出来的形象。良好的品牌形象是商家在市场竞争中的有力武器，深深地吸引着消费者。品牌形象内容主要由两个方面构成：一是有形的内容，二是无形的内容。

在电子商务市场中，许多商家也纷纷塑造有自身特色的商品品牌形象。例如，格力空调的品牌形象是"让世界爱上中国造"，如图2-7所示。

图2-7　品牌形象

2.3　分析目标受众

电子商务市场与传统实体市场一样，也需要进行目标受众的分析，这也是电商文案获得良好传播效果的前提之一。

2.3.1　用户需求理论

一般情况下，用户需求理论是指在进行市场规划和商品规划的细分市场中，商家可以从多个维度、不同权重来分析市场的需求，进而确保商品的精准化营销。

通常而言，用户需求理论主要以"马斯洛需求理论"作为用户需求分析的理论指导。马斯洛需求理论是行为科学的理论之一，他将人类的需求分为5个层次，分别是生理需求、安全需求、爱和归属感需求、尊重需求和自我实现需求，如图2-8所示。

> **小提示**
>
> 电商商品的用户需求分析可按照马斯洛需求理论进行等级的划分，从最基础的生理需求逐步过渡到最高层次的自我实现需求。这是一个由基础向高级发展的过程，在某种程度上符合人类需求发展的一般规律。因此，电商文案创作者要根据用户的实际需求来写作电商文案。

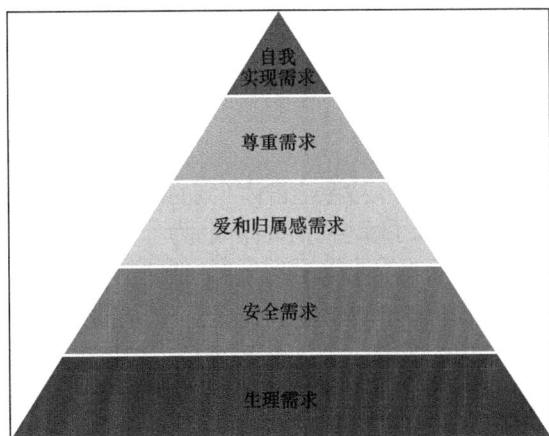

图 2-8　马斯洛需求理论

怎样才能明确用户的需求呢？发现用户需求的方式主要有以下几种。

1. 问卷调查

问卷调查作为常见的调查方法，主要通过制定一系列详细严密的问卷，要求被调查者进行回答，以此帮助调查者搜集资料。

除了传统的纸质问卷调查，借助互联网的帮助来发放及回收网络调查问卷已经越来越普遍。目前主要的在线问卷调查平台包括腾讯问卷、问卷星等。

2. 深度访谈

深度访谈是指由专业访谈人士发起的，在某一较长的时间内和被调查者针对某一个话题展开的一对一谈话。由于访谈的深度、细节和丰富程度是其他方式无法企及的，所以深度访谈能够获取高质量的数据。在营销领域，深度访谈常常被用于了解个人是如何认识品牌及如何选购商品的。

3. 百度数据分析工具

这里主要指百度指数和百度关键词分析工具。为什么提到这两类工具？其实原因很简单。因为大多数网民碰到问题会习惯性上百度，而这些需求都被百度记录了下来。

百度指数是以海量网民行为数据为基础的数据分析平台，通过这个工具，电商文案创作者可以研究关键词搜索趋势、洞察网民兴趣和需求、监测舆情动向、定位受众特征等。

电商文案创作者使用百度关键词分析工具能看出网民对哪些关键词的查询次数多，对哪些长尾关键词感兴趣等。

4. 电商分析工具

这里的电商分析工具主要是指淘宝的生意参谋。作为阿里巴巴商家端口的统一数据商品平台，其提供的市场行情模块具有五大功能，即市场监控、供给洞察、搜索洞察、客群洞察、机会洞察。借助平台提供的数据，电商文案创作者能够很快地找到用户的需求点，尽快实现引流变现。

5. 爬虫工具

如果想要单独了解某细分领域的用户需求，电商文案创作者还可以使用爬虫工具，如八爪鱼采集器、火车采集器等。这些工具能够抓取指定网页的指定栏目中的内容，并且导出内容。

2.3.2 消费者行为分析

电商消费者群体具有与传统市场消费者群体不同的特性，因此，电商方案创作者要想写出优秀的电商文案，必须深入了解电商消费者的行为。

1. 消费市场细分

市场细分的实质就是将整体的消费市场分为若干个子消费市场，相同的子消费市场在某些方面具有相同或者相似的消费需求或消费行为特点。商家对消费市场进行细分的最终目的是找到适合自身发展的目标市场，并根据目标市场的需求特点策划出有针对性的电商营销文案，使目标市场的消费者需求得到充分的满足。

2. 商品定位

所谓商品定位，是指商家基于消费者的需求，寻求商品独特的个性和良好的形象，进而使商品在消费者心目中占据一个有价值的位置。商家只有明确商品在消费者心目中的定位，了解商品被消费者认识的渠道和方式，才能有效地进行营销。

商品定位的具体方式是在商品研发设计之初或在商品市场推广的过程中，通过电商文案宣传，使得商品在消费者心中有一个具体的形象。

3. 商品组合营销

商品组合营销通常从新商品研发和新商品定价两个层面做深入分析。新商品研发时，商家主要通过了解消费者的需求，掌握消费者对各类商品特性的评价，来作为新商品研发的依据。对于商家而言，消费者调查就是新商品研发构思的重要来源。

消费者行为分析是市场分析中最基础的实施性项目之一，是电商文案策划的基础，它与市场的营销活动联系紧密。对消费者行为的透彻研究，有助于商家提升电商文案策划水平，增强营销文案的有效性。

2.3.3 用户画像定位

用户画像是根据用户的社会属性、生活习惯和消费行为等信息抽象出的一个标签化用户模型，方便电商文案创作者写出针对消费者需求的文案，提升文案对消费者的吸引力。构建用户画像的核心工作是给用户贴"标签"，而标签是通过分析用户信息得来的高度精练的特征标识。

例如，如果你经常购买一些玩具，那么电商网站就会根据你买玩具的情况给你贴上"有孩子"的标签，甚至还可以判断出孩子的大概年龄，贴上"有3~6岁的孩子"这样更为具体的标签。而所有的标签综合在一起就形成了你的用户画像——一位有3~6岁孩子的家长且经常买玩具。得出这样的结论后，电商网站就会向你精准推送更多3~6岁孩子的玩具。

电商文案创作者要想找准目标用户，就需要通过数据建立用户画像，然后根据用户画像创作文案，这样才能有的放矢，正中目标用户。

了解了什么是用户画像之后，商家可借助数据建立用户画像。常见的数据包括用户的性别、年龄、地域、职业、消费偏好、婚姻状况、是否有孩子、消费周期等。

在电商平台中，商家可以通过数据分析工具来快速进行用户画像定位，如淘宝的生意参谋就提供了"搜索人群画像"定位功能。它不但能够帮商家分析搜索人群的特征、行为偏好等，还能对不同的关键词进行对比。

淘宝的生意参谋通过对搜索人群进行多维度分析，筛选出社会属性、行为偏好、购买偏好等多个标签视角的人群特征，搜索人群画像如图 2-9 所示。它可以帮助商家在店铺装修、商品风格、商品定价、文案撰写等方面更准确地触达目标用户。

（1）属性分析：通过分析搜索人群的社会属性、淘宝属性，得到潜在的消费者特征，帮助商家更有针对性地进行商品优化及营销推广。

（2）行为分析：通过分析搜索人群的优惠偏好、支付偏好等数据，帮助商家更好地规划店铺的营销策略。

（3）购买偏好：通过分析搜索人群对品牌及类目的购买偏好，帮助商家更好地了解潜在消费者的偏好商品特征，更好地制定营销策略和文案。

（4）对比分析：通过对比分析多个不同搜索词所对应的人群，帮助商家更好地了解不同人群的不同特征，以便更好地制定营销策略，提高转化率。

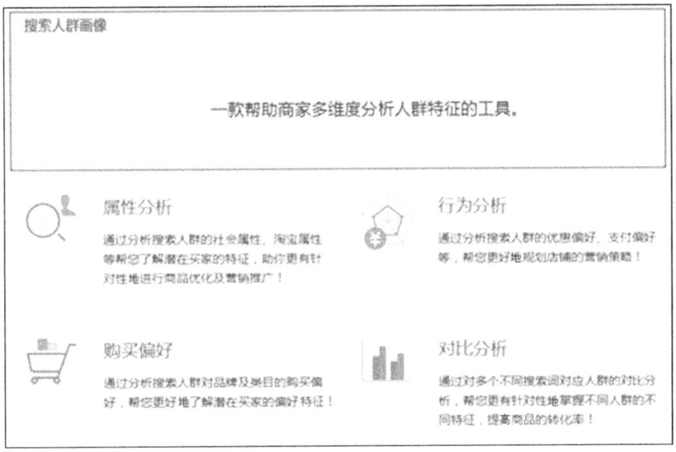

图 2-9　搜索人群画像

拓展案例

国货当自强，李宁也开始卖断货

近几年国内涌现了许多优秀的服装鞋帽品牌，这些品牌的异军突起，离不开他们对消费者的充分洞察分析。以李宁为例，李宁借助大数据对用户画像和产品卖点画像进行洞察分析，了解客群与产品卖点之间的联系，为新产品的设计及门店组货提供重要的参考支撑。

2021 年 4 月李宁销量的增长幅度甚至高达 800%，且多种产品出现一货难求的现象。李宁热卖的原因有三：一是制造水平提高，质量有保障；二是时尚品牌更易获得年轻人关注；三是受民族情结、爱国情结等多因素的影响。

在年轻人对中国品牌接受度不断提升的当下，中国品牌正在迎来前所未有的发展新机遇。

2.3.4 购买意向分析

购买意向是消费者选择某种商品的主观倾向，表示消费者愿意购买某种商品的可能性，是消费者做出购买行为前的一种消费心理表现。

> ✏️ **知识点提问**
>
> 你认为影响你购买商品的因素有哪些。

一般来说，影响消费者购买意向的因素主要有以下三点。

（1）环境因素，指文化环境、社会环境和经济环境等外在的社会环境因素。环境因素会影响消费者的购买意向，如冬季霾严重时，防霾口罩在这一时段的人气就会比其他时段高很多。

（2）商品因素，主要包括商品的价格、质量、性能、款式、服务和购买便捷性等因素。消费者在电商平台上购物时，优先考虑的因素是商品的价格和质量，针对同等质量的商品，消费者更倾向于购买性价比高的商品。

（3）消费者个人及心理因素。消费者自身的经济能力、兴趣习惯（如颜色偏好、品牌偏好）等不同，会产生不同的购买意向，并且消费者的心理、感情和实际的需求各不相同，也会产生不同的购买动机。

> 🤔 **小提示**
>
> 年轻的消费者在进行网络购物时偏向于选择个性化和时尚化的商品，因此当前电商平台中所呈现的商品大多具有鲜明的特色和个性。

电子商务给消费者带来了便利，消费者在电子商务模式下的消费行为也发生了很大的变化。因此，要想商品获得消费者的购买意向，商家就要重视消费者信息的收集，分析并发现消费者的消费规律，研究消费者在电商平台上产生购买行为的原因。

下面以淘宝网为例进行分析。为什么有这么多消费者在淘宝网上购物呢？不是因为淘宝网是最先开始电子商务模式营销的平台之一，而是因为它具有以下优势。

（1）淘宝网为消费者提供了十分丰富的商品，几乎涉及消费者生活需求的方方面面，其商品琳琅满目、品种繁多，消费者可以自主地进行商品的浏览和搜索。

（2）淘宝网中的商品价格低廉，很多商品比实体店中的商品价格更加实惠，符合很多消费者物美价廉的消费需求。图2-10所示为淘宝网中的商品。

（3）阿里巴巴集团基于淘宝网开发了一系列App，消费者通过这些App可以预订酒店、火车票、电影票，也可以进行理财、规划旅游等。下面介绍一些日常生活中常用的App。

- 支付宝。支付宝是独立第三方支付平台，由阿里巴巴集团创办。支付宝致力于为中国电子商务提供"简单、安全、快速"的在线支付解决方案。

- 飞猪。飞猪是阿里巴巴集团旗下的综合性旅游出行服务平台。飞猪整合数千家机票代理商、航空公司、旅行社、直签酒店、客栈卖家等，为广大旅游者提供特价机票、酒店预订、客栈查询、境内外度假信息、出境超市等资讯服务。

- 淘票票。淘票票是淘宝网官方电影票平台，提供全国300多个城市、近5000家影院的在线选座购票服务及团购服务等。

图2-10 淘宝网中的商品

2.3.5 购买心理分析

分析消费者的购买心理是为了预测消费者的购买行为，以便在文案编写过程中进行相应的购物引导。如果没有对消费者心理进行分析，撰写的文案就难以激起消费者的购物意愿。

知识点提问

分析消费者常见的购物心理有哪些。

1. 求实心理

求实心理是目前消费者普遍存在的心理。具有这种心理的消费者在购买商品时，首先要求商品必须具备实际的使用价值，讲究实用。因此，商品的质量一定要过硬，这样才能保证以后有更多的交易。根据这种购物心理，电商文案创作者在电商文案中要突出商品的质量、功效、实惠、耐用。图2-11所示的电商文案中突出了商品的实用功能，能有效引导求实心理的消费者购买。

2. 求新心理

求新心理是以追求商品时尚和新颖为主要目的的心理。具有这种心理的消费者在购买商品时重视商品的"时尚""新颖""奇特"，而对于商品是否经久耐用、价格是否合理等因素考虑较少。

电商文案创作者在撰写电商文案时可以使用"时尚""奇特"之类的词语，重点展示商品的款式、色泽、流行性、独特性与新颖性。

3. 低价心理

低价心理是一种"少花钱多办事"的心理，其核心是"低价"。这类消费者在选购商品时，往往要对同类商品之间的价格差异进行仔细比较，喜欢选购折价或处理商品。

针对这个特点，电商文案创作者要特别重视展现商品的价格，可以利用降价、打折、特价等促销活动引导具有低价心理的消费者产生购买行为。图2-12所示的电商文案中突出促销打折，"2件75折""满300元减200元"等促销活动可以促使具有低价心理的消费者下单购买。

图2-11　突出商品的实用功能

图2-12　突出促销打折

4. 求美心理

美的东西会带给一些消费者强烈的满足和快乐。这类消费者在选购商品时关注商品的欣赏价值和艺术价值，强调"艺术美"。电商文案创作者需要特别重视商品的包装、款式等因素。

5. 名牌心理

名牌心理是一种以追求名牌、高档商品为主导，以显示自己的地位和威望为主要目的的购买心理。这类消费者特别重视商品的品牌。

电商文案创作者要在电商文案中突出商品的品牌名称和商品品质，商品图片要能展现出商品的优质品质。

6. 从众心理

其实不仅是网上的消费者，大多数人都有这种想法——看到别人买的商品不错，周围的人就都会到同一个地方去买。即使是同样的商品、同样的价格，卖势不错的店铺会聚集越来越多的人，而没有开好头的店铺往往冷冷清清了。

电商文案创作者在电商文案中要强调商品的销量非常好，还可以把以前的销量数据或消费者的评价添加到电商文案中，如图 2-13 所示，从而引导具有从众心理的消费者购买。

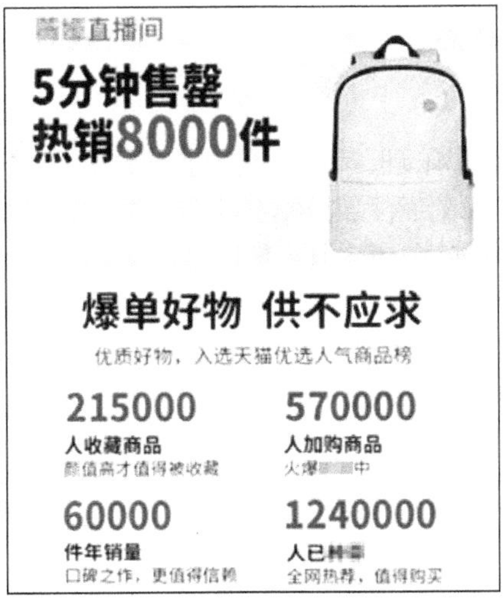

图 2-13　添加销量数据

7. 好奇心理

好奇心理是指消费者对某些商品的使用价值或特殊性能产生的不同程度的探究兴趣。商家可以利用消费者本身的好奇心来引起他们对某些商品的注意，以此刺激他们产生购买商品的行为。对于这类消费者，电商文案创作者在电商文案中要强调商品与众不同的卖点，通过设置悬念来唤起消费者的购买欲望。

8. 隐秘性心理

有这种心理的消费者，购物时不愿被他人所知，所以常常采取秘密行动。他们一旦选中某件商品，而周围又无旁人时，便会迅速成交。电商文案创作者可以在电商文案宣传中强调其物流货运的隐秘性。

9. 安全心理

有这种心理的消费者，他们往往要求在使用过程中和使用以后，商家必须保证商品的质量安全，不能出现任何安全问题。电商文案创作者可以在电商文案中展示食品健康生态，添加商品的食品健康生态、质检安全报告等，如图 2-14 和图 2-15 所示，以引导这类消费者购买。

图2-14 食品健康生态

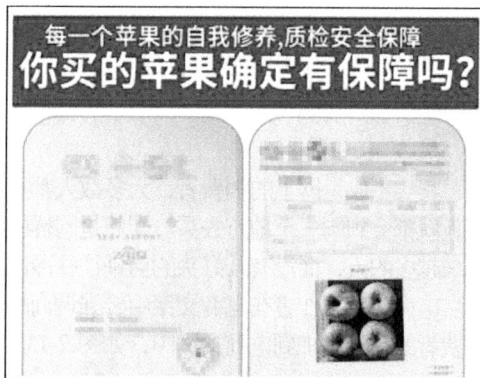

图2-15 质检安全报告

10. 疑虑心理

这是一种瞻前顾后的购物心理，其核心是怕上当受骗。这类消费者在购买商品的过程中，对商品质量、性能、功效持怀疑态度，怕上当受骗，因此反复向商家询问，仔细地检查商品，并且非常关心售后服务，直到心中的疑虑解除之后才会购买。电商文案创作者在写作电商文案时如果能帮助消费者消除这种疑虑心理，就会更容易取得消费者的信任，因而可以在电商文案中说明商品的质量是经得起考验的，如果出现质量问题可以退货换货等。图2-16所示为在电商文案中添加退换货承诺。

图2-16 在电商文案中添加退换货承诺

2.3.6 寻找消费者的需求痛点

所谓消除消费者痛点，就是要满足消费者的需求点，从另一个角度来理解，就是有问题要解决。商家要做的是找到这些需求痛点，并通过自己的商品或服务，帮助消费者消除需求痛点,那么消费者就会为解决需求痛点而消费。因此,商家要打造一个"爆款"商品,找到消费者的核心需求痛点是非常重要的。在写作电商文案前,如果电商文案创作者能找到需求痛点,就能"对症下药",而消费者一看到这个电商文案,就会产生强烈的购买欲望。找准消费者的需求痛点的技巧如下。

1. 由大化小

电商文案创作者在写作电商文案时,如果想用一个大的概念去直击消费者心底的需求痛点,往往是非常困难的。这时就可以由大化小,把一个大概念拆分成小概念,然后各个击破。电商文案的内容越具体、越有细节,就越容易抓住消费者的需求痛点、打动人心。用细节打动人心的电商文案虽然不能抓住所有消费者的需求痛点,却能吸引目标消费者。

2. 发掘消费者反馈的深层次信息

注意消费者针对商品的反馈,发掘其中深层次的信息并不断地修正,这是比较被动的方法,但也是找到消费者需求痛点的有效方法之一。

3. 切身体会需求痛点

电商文案创作者只有身临其境,才能与消费者产生共鸣,把握住他们的需求痛点,写出更贴心的电商文案。

4. 研究消费者对竞争商品的体验

竞争对手的消费者群体和商家的消费者群体通常是一致的,因而消费者群体的需求痛点也是一致的。商家通过研究消费者对竞争商品的体验反馈,可以进一步完善自有商品、提高竞争力,也可以确认自身优势并进行差异化竞争。

5. 细化用户需求

消费者在选择商品时,会考虑审美需求、性能需求、尊重需求、体验需求、安全需求和价格需求。商家要分析消费者的各类需求,挖掘消费者的需求痛点。

6. 找到恰当的对标商品

对标商品应该是同一品类且消费者已经熟知其价值的商品。商家选择了恰当的对标商品,可以向消费者暗示自己能够解决对标商品所能解决的消费者需求痛点,从而更容易确立价格体系并被消费者接受。

2.3.7 寻找能激发消费者共鸣的点

写作电商文案的最终目的都是促成销售,要想让消费者浏览电商文案后就购买商品,那么首先电商文案内容就必须要能打动消费者,引发消费者共鸣。

电商文案创作者首先要清楚消费者的需求,了解消费者想要看到什么样的内容类型。电商文案创作者可以多跟消费者交流,如果多数消费者都有这个需求,那么电商文案的内容主题也就可以确定了。因此,想激发消费者共鸣,关键还是要把握消费者的需求;如果不了解消费者,就无法与之产生共鸣,更不用说让更多消费者愿意看电商文案了。

能够激发消费者共鸣的点通常有以下三种。

(1)惊讶。这里的惊讶是一种表现形式,是指电商文案内容让消费者产生"啊! 你怎么知道?"的感受。

（2）赞同。赞同指消费者同意电商文案中的观点，电商文案内容会让消费者产生"对!我也是这样想的!"的感受。

（3）刮目相看。这里指消费者认可电商文案，电商文案内容改变了消费者的原有印象并让其产生"我也有这种感觉，你真懂我!"的感受。

2.4 提炼商品卖点

面对竞争日益激烈的环境，商家要想在同类品牌中脱颖而出，第一步就要提炼出自家商品与其他商品相比所具有的独特的卖点，并将其放大。

2.4.1 核心卖点的表现形式

在进行电商文案创作前，电商文案创作者首先要找到商品的核心卖点，所提炼的核心卖点要尽量优于或有别于其他同类商品，要有自己的个性、突出自身特点，要巧妙别致、给人以美感，要能够体现企业品牌和特质。

核心卖点不是忽悠消费者的口号，而是强有力的承诺，必须经得起市场和消费者的考验。例如，每日优鲜的"最快30分钟送达"的承诺，就是其核心卖点。假如它没有做到，就会有损自己的口碑，陷入公关危机当中。图2-17所示为每日优鲜的核心卖点。

图2-17 每日优鲜的核心卖点

下面介绍核心卖点的主要表现形式。

1. 超级卖点

超级卖点是核心卖点的一个重要表现形式，也是核心卖点的主要特征之一。超级卖点即跟同行相比具备明显竞争力、超越同行一个层级的卖点。通俗地说，超级卖点就是能超越同类商品的卖点。超级卖点要求商品必须具有明显的竞争力，而不是仅仅具有竞争力。超级卖点能够比同行的卖点层次更高，通常从商品竞争上升到品牌竞争乃至理念竞争。

2. 独家卖点

独家卖点是某个商品本身所拥有的，而其他同类商品无法拥有的卖点。独家卖点是消费者对某个商品的识别点，即在消费者心中这个卖点就代表这个品牌。一般来说，核心卖点往往会被打造成独家卖点，如果某商品拥有独家卖点，那么它的竞争力就是独一无二的。独家卖点主要有以下两种类型。

（1）独家软实力。软实力通常是指企业的品牌价值、品牌故事、团队、某种独家工艺、某种独家配方、某种专利技术等，这些通常难以被同行复制和模仿。从企业的软实力中寻找的卖点具有唯一性，往往很容易打造为独家卖点。

（2）独家垄断认知。认知垄断的卖点即无法复制、有一定行业门槛和壁垒的卖点。

独家卖点一旦找到，消费者就会对品牌形成强烈的关联认知，所以独家卖点具有其他卖点无法比拟的核心竞争力。

鲁花以"5S 压榨"申请各类商标，有了商标保护，这一卖点就成了独家卖点，如图 2-18 所示。"5S 压榨"成为鲁花的唯一性垄断卖点，帮助其建立了竞争壁垒。

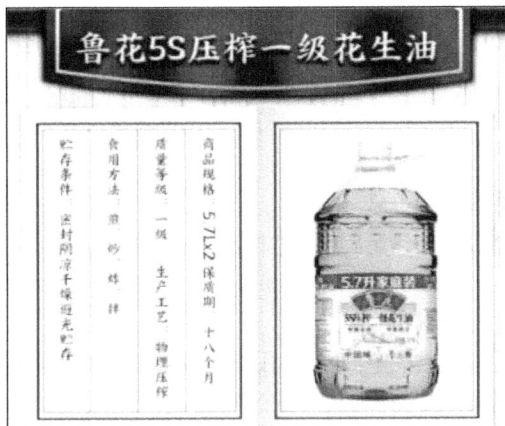

图 2-18　鲁花以 "5S 压榨" 为独家卖点

3. 新卖点

新卖点就是与同类商品的卖点相比有所不同的卖点。企业做品牌文案其实不是在做竞争力，而是在做不同。消费者愿意接受新的事物，愿意关注新的不同点，所以如果有新卖点，商品的关注度就会比同行高很多，它也能够让商品销售快速地实现突破。

（1）提法新颖：新卖点在提法上是新颖的，是消费者第一次听说或极少听过的。

（2）认知新颖：新卖点在认知上是新颖的，可以填补消费者认知上的空白。

（3）表达新颖：新卖点即便不能填补消费者思想认知上的空白，其在表达方式上也要新颖，如同一个卖点可以换一种方式来表达。

2.4.2　商品核心卖点的提炼流程

在商品同质化的情况下，我们如何提炼核心卖点，才能达到提高销量的效果呢？商品核心卖点的提炼流程如下。

1. 查找商品资料

电商文案创作者要提炼商品核心卖点，首先要查找商品的相关资料，从相关资料里面找出那些与众不同的卖点。

2. 整理与商品相关的消费者需求

电商文案创作者必须了解和研究消费者，搜集消费者现在关心什么，到底有什么重要的需求等信息，根据消费者的需求来创作电商文案。电商文案创作者只有探究到消费者真正的需求，并据此进行电商文案创作，才能促使该商品最终成功销售。

小提示

电商文案创作者可以直接打开电商平台找到相关的商品，搜集相关商品的评价内容；也可以通过百度指数或 5118 站长指数，搜索行业的关键词并进行整理，打造独特的卖点。

3. 对比分析同类型商品

电商文案创作者可以找到相同或者相似的商品，对它们进行比较，通过对比，找出最核心的差异化卖点。差异化卖点就是指与同类型商品不同的卖点，这种不同可以是自己的商品拥有而竞争对手的商品不具备的特性，也可以是同类型商品拥有但从未被提到过的特点。

4. 归纳和表达商品核心卖点

电商文案创作者提炼出卖点后，还需要借助网站分析商品和卖点，最后表达出核心卖点，相关步骤如下。

（1）在电商网站中分析同类商品

电商文案创作者通过主要的电商网站可以搜索关键词并找出同类商品，然后筛选款式、价格相近的商品，按销量和人气排名找出多个商品，再从这些筛选出的商品中通过主图、描述、评价等方面找出该类商品的现有卖点。图 2-19 所示为分析淘宝平台中同类商品的卖点。

（2）分析目标人群的特点

不同类型的消费者有不同的爱好兴趣及消费观念，那么卖点的提炼也要根据目标人群的特点来进行。

（3）分析商品自身的特点

撰写电商文案前，电商文案创作者需要了解该商品的特点和优势，分析其与提炼核心卖点的前面两个步骤所收集的信息在哪些方面是重合的，并把这些特点和优势都罗列出来。

（4）筛选符合规则的卖点

这里的规则主要是指商品的差异化、人群需求与心理、商品优势与店铺定位等。

（5）选择核心卖点的表述方式

最后就是选择核心卖点的表述方式，确定核心卖点后，电商文案创作者可以通过主图、标题、描述、消费者评价来突出核心卖点。

小提示

一个独特的卖点往往能很好地带动商品的销售，提高转化率。当提炼卖点难以带动销量时，电商文案创作者不妨反思：是否提炼了过多的卖点，或卖点的术语表达过于晦涩。

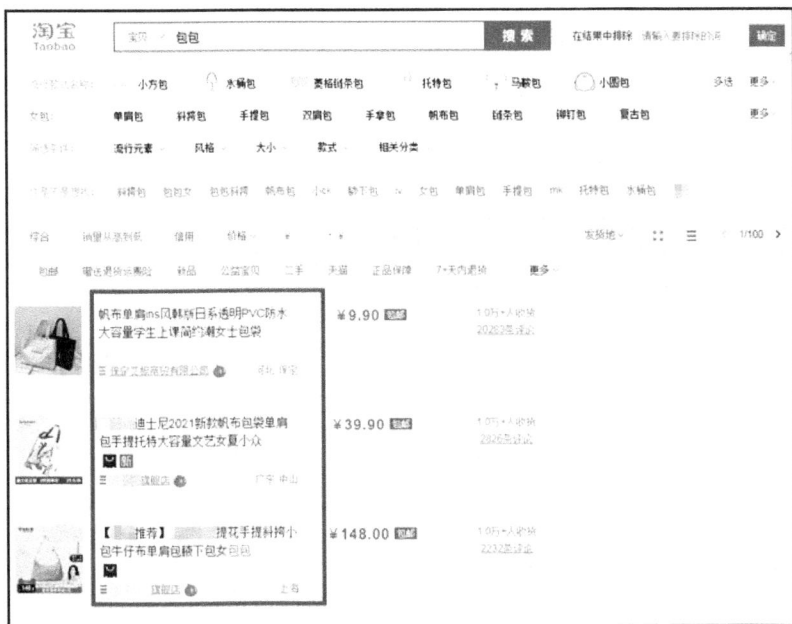

图 2-19　分析淘宝平台中同类商品的卖点

2.4.3　FAB 法则分析商品卖点

FAB 法则，即属性（Feature）、作用（Advantage）和益处（Benefit）法则，它是一种说服性的销售技巧，在商品卖点提炼中十分常用。FAB 法则中 F、A、B 所代表的含义如下。

✔ 知识点提问

你认为应该从哪些方面分析商品卖点。

F——代表商品的特征、属性，是商品基本的功能。商家主要从商品的基本属性、功能等多角度来进行潜力挖掘，说明它是如何用来满足消费者的各种需求的。图 2-20 所示的文案突出了商品的基本功能。

A——代表商品的优点及作用。商家需要从消费者的角度来考虑，思考消费者关心什么，突出商品能给消费者带来的作用，向消费者证明"购买的理由"。图 2-21 所示的文案突出了商品的作用。

B——代表商品带给消费者的益处。提炼卖点应该以消费者利益为中心，强调消费者能够得到的利益，以激发消费者的购买欲望。

其实，我们也可以简单地对 FAB 进行如下理解。

F——商品有什么特点，特色是什么？

A——商品的作用是怎么样的？

B——商品具体能给消费者带来什么利益？

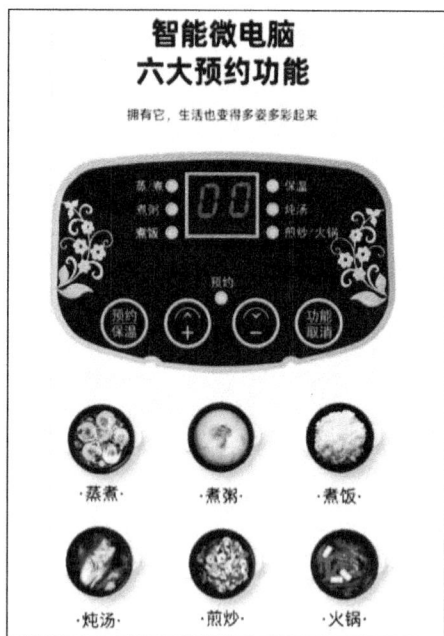

图 2-20 突出商品的基本功能

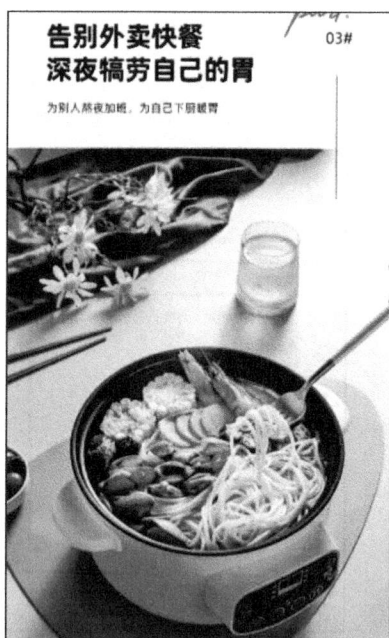

图 2-21 突出商品的作用

消费者在购买商品时，并不单是购买商品本身，更是为了其能提供舒适、耐用、美观等益处。所以，电商文案创作者要很清楚地知道自己所销售的商品有何与众不同的特性，它能带给消费者什么作用和利益，这就是商品的卖点。需要注意的是，消费者最关注的往往是商品的直接作用和利益。

  小提示

使用 FAB 法则的前提是有精确的消费者需求挖掘。

电商文案的核心在于商品能带给消费者的利益和好处，所以在使用 FAB 法则之前，电商文案创作者必须知道消费者为什么需要这个商品，也就是消费者需要用商品解决什么问题，如此才能真正吸引消费者。

2.4.4 商品卖点的展现角度

商品卖点是商家传递给消费者的最重要的商品信息，它可以向消费者传递某种主张或某种承诺，告诉消费者购买该商品后会得到什么好处，并且是消费者能够接受和认可的。商品卖点常见的展现角度如下。

商品卖点的展现角度

  知识点提问

你认为商品卖点常见的展现角度有哪些。

1. 卓越的商品品质

商品品质的好坏是消费者决定是否选购商品的主要因素之一。商家只有保证商品品质，才能让消费者对商品更有信心。

2. 显著的商品功效

不同的商品拥有不同的功效，消费者购买商品实际上是购买商品所具有的功能和商品的使用性能。如果商品的功效与消费者的需求相符合，且超出了消费者的预期，就会给他们留下良好的商品质量印象，从而得到消费者的认可。

3. 知名的商品品牌

品牌不仅能够保障商品的质量，还能给消费者带来更多的附加价值，使他们产生一种心理上的满足感，特别是品牌商品更能激起消费者的购买兴趣。如果商品具有有利的品牌形象和市场占有率，在进行商品卖点展示时，就可以将商品品牌作为主要卖点。

4. 高性价比

性价比就是商品的性能价格比。商品的性价比越高，消费者越趋向于购买。因为这代表消费者能花费较少的钱来购买较好的商品，不管出于什么角度，这都是一个很好的卖点。如图 2-22 所示的电商文案强调了超高性价比。

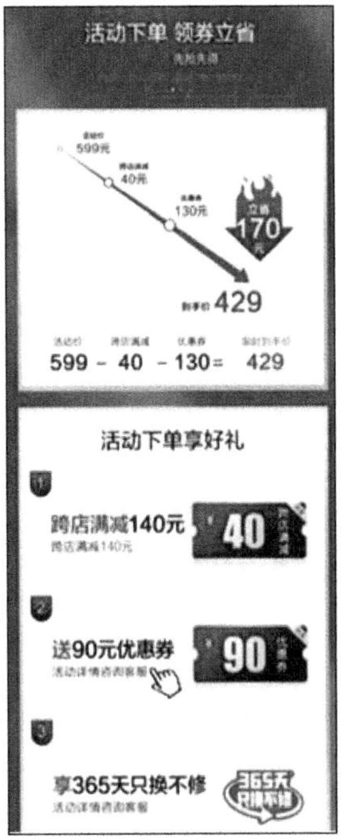

图 2-22　超高性价比

5. 完善的售后服务

售后服务就是商品出售以后商家所提供的各种服务活动。随着消费观念不断成熟，消费者也逐渐将良好的售后服务作为判断商品值得购买的前提条件。售后服务完善的商品更能吸引消费者去购买，甚至会直接影响消费者的购买行为。

电商文案创作者可以通过商品详情页文案将售后信息公布出来，如图 2-23 所示。这样做不仅可以传达给消费者一种信息——商家有健全的售后制度，让消费者产生信任感，而且这种信息也会随着交易的达成而成为一种承诺，让消费者对商家产生进一步的信赖感。

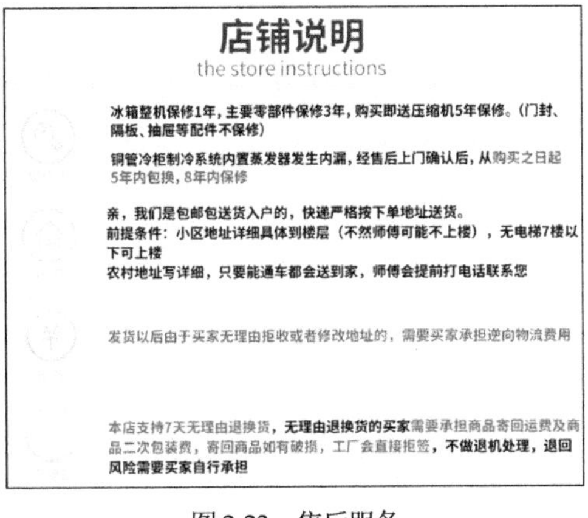

店铺说明

the store instructions

冰箱整机保修1年，主要零部件保修3年，购买即送压缩机5年保修。（门封、隔板、抽屉等配件不保修）

铜管冷柜制冷系统内置蒸发器发生内漏，经售后上门确认后，从购买之日起5年内包换，8年内保修

亲，我们是包邮包送货入户的，快递严格按下单地址送货。
前提条件：小区地址详细具体到楼层（不然师傅可能不上楼），无电梯7楼以下可上楼
农村地址写详细，只要能通车都会送到家，师傅会提前打电话联系您

发货以后由于买家无理由拒收或者修改地址的，需要买家承担逆向物流费用

本店支持7天无理由退换货，无理由退换货的买家需要承担商品寄回运费及商品二次包装费，寄回商品如有破损，工厂会直接拒签，不做退机处理，退回风险需要买家自行承担

图 2-23　售后服务

其实，售后服务也是促销手段的一种，商家通过售后服务可以提升商品的消费者体验，提高企业的信誉。商家具备了一定的市场占有率后，就可以很好地推动商品的销售，提高收益。

常见的售后服务包括以下内容。

- 为消费者安装和调试商品。消费者可能会在收到商品后因为不会安装而咨询网店人员。电商文案创作者可以在商品详情页中用文字说明的方式来介绍商品的安装使用方法，页面显示的方式不仅可以直接让消费者在购买商品之前就先了解使用方法，还可以方便消费者随时查阅。
- 根据消费者的要求，进行有关使用方面的技术指导。
- 保证维修零配件的供应。
- 负责维修服务，并提供定期维修、定期保养服务。
- 为消费者提供定期电话回访或上门回访。
- 对商品实行"三包"，即包修、包换、包退。
- 处理消费者的来信来访及电话投诉意见，解答消费者的咨询。同时，用各种方式征集消费者对商品质量的意见，并根据情况及时改进。

任务实训——商品卖点的提炼与写作

实训目标

电商文案创作者要学会提炼商品卖点并通过文字进行表述。下面以可折叠沙发床为例，进行商品卖点的提炼与写作，帮助读者巩固本章所学知识。

实训内容

现在有一款可折叠沙发床，其定价为 129 元，3~4 人座，高 75cm，长 180cm，宽 90cm。沙发床为实木（或不锈钢）支撑，高密度海绵填充。沙发面为优质布料，舒适透气。现要求进行商品卖点的提炼，通过详细展示商品的主要卖点来吸引消费者，具体要求包括以下几项。

（1）分析商品所具有的属性，如材质构成、尺码规格、颜色、商品名称。

（2）分析商品的核心卖点，如超级卖点、独家卖点和新卖点。

（3）掌握商品核心卖点的提炼方法和流程，查找商品资料，对比分析同类型商品，归纳和表达商品卖点。

（4）将商品卖点以文案的方式表述出来。

实训练习

分析可折叠沙发床的消费者的需求痛点；在淘宝网搜索同类商品，查看竞争商品的详细信息；分析竞争商品并查看其详情描述；概括出商品的独特优势和卖点。

实训分析

商品的卖点要与竞争对手的有明显区别，并且能够让消费者一眼看出其中的区别，做到始终领先于竞争对手。在电商文案创作中，提炼商品的卖点可以说是商品营销的起点，电商文案的卖点既让消费者了解商品，也提高了销量，这是电商文案需要达到的基本标准。

电商文案创作中提炼商品的卖点需要综合考虑消费者、商品、竞争对手3个方面的因素。商品自身、消费者、竞争商品三者产生的交集即是商品的核心功能点，即使将该功能点当作商品的核心卖点，也无法产生差异化的竞争。所以，在存在竞争对手的情况下，电商文案创作中的卖点提炼应该将焦点转向商品特点上，需要将商品的核心功能点与商品特点进行结合，并使其与消费者的需求痛点产生交集，这样才能形成商品的独特卖点。分析自身商品与竞争商品之间的区别，找到自身商品的独特卖点，才能使商品更加具有竞争优势。例如，从商品功能、外观、技术和竞争对手等角度进行分析，总结出自身商品的优点，并体现出与竞争商品的差异性，让消费者感受到你的商品更有价值，从而更容易打动消费者，使其产生购买欲望。

知识巩固与技能训练

一、填空题

1. _____主要是指市场营销环境，即一切影响和制约企业市场营销决策和执行的宏观市场环境和微观市场环境的总和。

2. _____、_____、_____、_____等是这些商品的本质属性和特征，是商品分类中常用的分类依据。

3. _____即在广告宣传中通过表现消费者享用这种商品时的风度、形象或生活氛围，给人以心理的冲击，从而吸引消费者。

4. _____是根据用户的社会属性、生活习惯和消费行为等信息抽象出的一个标签化用户模型。

5. _____要尽量优于或有别于其他同类商品，要有自己的个性、突出自身特点，要巧妙别致、给人以美感，要能够体现企业品牌和特质。

二、选择题

1. 当商品处于（　　　）时，电商文案要侧重突出商品的新特点、新功能，可以使用一些具有时尚感和新奇感的语句以引起消费者的注意。

A. 成熟期　　　　　　　　B. 成长期　　　　　　　　C. 萌芽期

2. 当商品处于（　　　）时，电商文案要注重宣传商品的售后服务、附加值等，以培养消费者对品牌的忠诚度。

A. 成长期　　　　　　　　B. 成熟期　　　　　　　　C. 衰退期

3. （　　　）是目前消费者普遍存在的心理。具有这种心理的消费者在购买商品时，首先要求商品必须具备实际的使用价值，讲究实用。

A. 求实心理　　　　　　　B. 求新心理　　　　　　　C. 求美心理

4. （　　　）是一种以追求名牌、高档商品为主导，以显示自己的地位和威望为主要目的的购买心理。

A. 从众心理　　　　　　　B. 好奇心理　　　　　　　C. 名牌心理

三、简答题

1. 市场调研在电商文案写作中的作用主要有哪些？
2. 怎样根据商品不同的生命周期，采取不同的广告策略？
3. 怎样才能明确用户的需求呢？发现用户需求的方式有哪些？
4. 一般来说，影响消费者购买意向的因素主要有哪些？
5. FAB法则中的F、A、B所代表的含义分别是什么？

四、技能实践题

独特的卖点就是指吸引消费者购买商品或服务的理由，是能够吸引消费者的独特的利益，也是电商文案的诉求点。下面利用FAB法则来分析商品卖点（见表2-1）。

表2-1　利用FAB法则来分析商品卖点

步骤	概述	详细操作步骤
第一步	商品的特征、属性	主要从商品的基本属性、功能等多角度来进行潜力挖掘
第二步	商品的优点及作用	需要从消费者的角度来考虑，思考消费者关心什么，突出商品能给消费者带来的作用
第三步	商品带给消费者的益处	提炼卖点应该以消费者利益为中心，强调消费者能够得到的利益，以激发消费者的购买欲望

第3章 电商文案的策划与写作

电商文案通常由标题和正文两个部分组成，好的标题是吸引消费者注意力的首要因素，精彩的正文则是引导和刺激消费者了解品牌或购买商品的关键因素。只有将两者完美地结合在一起，才能达到电商文案所追求的营销目的。本章将通过多个案例讲述电商文案写作中标题、正文的写作方法和技巧。

【任务目标】

- [ ] 了解电商文案标题的常见类型。
- [ ] 掌握电商文案标题拟订原则及写作技巧。
- [ ] 掌握电商文案正文写作的方法。
- [ ] 掌握电商文案写作的注意事项。

案例链接

江小白的文案直击人心

这些年，江小白的文案已经成为白酒行业一道独特的风景。江小白在互联网媒体上发布的文案也被许多消费者自发整理成"江小白语录"。此外，江小白在各种青春影视剧中频频闪亮登场，使其品牌热度快速升温。巨大的品牌关注度产生了巨大的流量，彻底"引爆"了江小白的电商销售。下面是江小白的一些文案。

话说四海之内皆兄弟，然而四公里之内却不联系。

手机里的人已坐在对面，你怎么还盯着手机看？

学会喝酒后，才真正开始懂老爸。

青春不是一段时光，而是一群人。

我在杯子里看见你的容颜，却已是匆匆那年。

约了有多久？我在等你主动，你在等我有空。

江小白的文案没有追求奢华、尊贵，而是十分接地气。这些文案伴随江小白流淌进了消费者的心里。当然，这些看似简单的句子，却是基于江小白对青年群体消费心理的敏锐洞察。

江小白的文案，一方面增加了消费附加价值，另一方面更是打开了传播的阀门，让江小白名声大噪。如此大的免费流量涌入，给江小白带来的是越来越高的销售量，让消费者愿意为情怀文案买单。

思考与讨论

1. 好的文案能促进商品销售吗？

2. 江小白文案成功的原因有哪些？

3.1 电商文案标题写作

要想写好电商文案，就要先写好标题，标题的好坏是决定电商文案能否在第一时间吸引消费者注意力的关键。好的标题是优秀电商文案必备的要素，它不但可以吸引消费者的注意力，还能增加电商平台的流量。下面介绍电商文案标题的写作。

3.1.1 电商文案标题的常见类型

在写标题之前，电商文案创作者需要先了解常见的电商文案标题类型，并从中选择合适的标题类型。

1. 颂扬式标题

颂扬式标题是指用正面、积极的态度，在标题上直接称赞商品。这类标题很容易给消费者留下良好的印象，它基于商品或服务的特征、功能等进行适当的、合理的称赞，让消费者了解电商文案中商品或服务的优点。例如，某电动多功能真皮沙发的电商文案标题如图 3-1 所示。该电商文案标题直接称赞了商品的独特优势，给消费者留下了深刻印象。

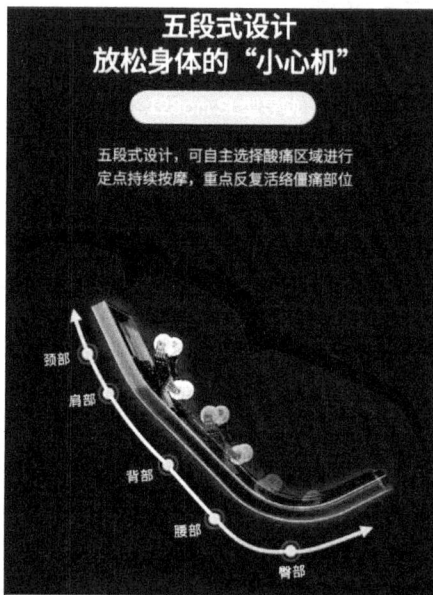

图 3-1 颂扬式标题

> 🤔 **小提示**
>
> 在写作颂扬式标题时要注意称赞的分寸，不能出现夸耀过度、虚假不实的情况，这样反而会造成消费者的逆反心理，严重影响电商文案的宣传效果。

电子商务文案策划与写作：理论、案例与实训（微课版）

2. 提问式标题

提问式标题的目的是启发消费者思考，通过提出问题引起消费者的关注，从而促使消费者对商品或服务产生兴趣，或者受到启发并产生共鸣。图3-2所示为提问式标题，描述的是一款洗发水的电商文案，其标题"你是否也有这些困扰？"会引起消费者的关注和思考，使消费者产生购买冲动。提问式标题通常包含"为什么？""如何？""怎么办？"等字样，具备问号的标题会促使消费者在浏览标题时产生思考。

图3-2　提问式标题

3. 宣事式标题

宣事式标题是目前常用的一种电商文案标题形式。其特点就是直观明了、实事求是，通过简明扼要的说明使人一目了然。这类标题的写法中规中矩，虽然创意不足，但胜在平实、自然。电商文案创作者在选用这种标题写作时，可以适当添加一些修饰性的或比较有新意的词语，以吸引消费者的注意。

图3-3所示的标题"帆布鞋面 纯色简洁"就属于宣事式标题。该电商文案用这样一个标题直截了当地说明了这款鞋子的布料采用帆布材质，颜色简洁大方。

4. 新闻式标题

新闻式标题主要以报道事实为主。在撰写电商文案的过程中，新闻式标题或者是直接告诉消费者最近发生的有意义的事实，或者是介绍新上市的商品。其目的在于引起消费者的注意，从而吸引他们继续阅读电商文案内容。图3-4所示的某手机文案"新品上市"就属于新闻式标题。

图3-3　宣事式标题

图3-4　新闻式标题

新闻式标题中常用的词语包括"新款""新品上市"等，有时也可以将商品与当前发生的新闻事件相结合。例如："从即日起到本周五，在本店下单购物，本店将会把你所付费用的10%向灾区捐款。"

5. 诉求式标题

诉求式标题是指通过宣传媒介向目标消费者诉说，以求达到商家期望的反应。简单来说，就是用劝勉、叮嘱、希望等语气撰写标题，让消费者快速做出购买决定。

撰写诉求式标题有以下 3 种方式。

一是主动地劝说或暗示消费者思考或做某件事。

二是直接向消费者说明所推荐商品的某种用途或使用方法，以博取消费者的关心或共鸣，达到刺激消费者购买的目的。

三是直接列出具有利益性的词语，增强标题的感染力。

图 3-5 所示为某款商品的促销文案，其标题为"抢到等于赚到"，这就是一个典型的诉求式标题。该标题号召消费者来抢购该商品，并给予一定的优惠，暗示消费者可以节省 30 元。这样的折扣和优惠很有吸引力，消费者可能会产生购买的冲动。

6. 对比式标题

对比式标题是通过与同类商品进行对比来突出自己商品的特点，或者通过商品使用前后的对比来加深消费者对本商品的认识。通过对比，商家可以让自己商品的性质、状态、特征更加鲜明突出。

图 3-6 所示为某淘宝店铺主营的汽车保险杠，其文案标题"安装前后对比 瞬间提升汽车档次，还在犹豫吗？"就是一种对比式标题。这种标题通过对比引出要宣传的商品，暗示消费者购买这款商品可以提升汽车档次，防刮防蹭。

图 3-5　诉求式标题

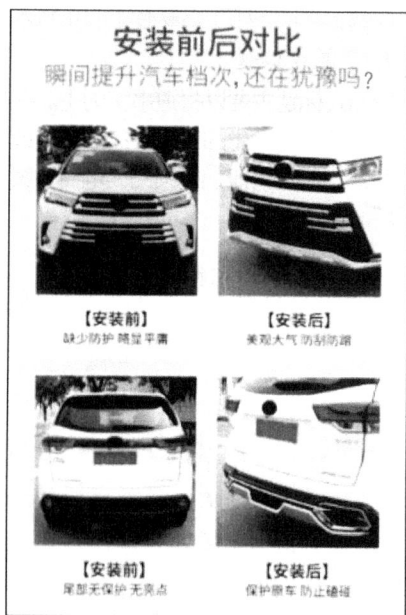

图 3-6　对比式标题

小提示

在写作对比式标题时，不能直接指出对比方的具体品牌名称，采用泛比为宜。

7. 恐吓式标题

恐吓式标题通过恐吓的手法来吸引消费者注意，特别是对于内心有某种担忧的消费者来说，这种恐吓式标题往往更容易引起他们的共鸣。采用这种标题可以有一定的夸张，但也应以事实为依据，不能扭曲事实，要通过陈述某一事实引导消费者意识到他可能面临的危险，从而让其产生一种危机感。

图 3-7 所示为某款汽车车衣的文案，文案中列出了几种没有车衣的烦恼，以"恐吓式"的标题引发消费者的忧虑。这种标题引发了消费者对自己爱车没有车衣的担忧，进而让消费者对后续的商品介绍产生兴趣。

图 3-7　恐吓式标题

8. 悬念式标题

悬念式标题是指在标题中设置一个悬念，吸引消费者的注意力，诱使消费者产生追根究底的心理，使其在寻求答案的过程中不自觉地对商品产生兴趣。好奇是人的本能，悬念式标题就是利用了消费者的好奇心，激发其继续阅读下去。

图 3-8 所示为某抽油烟机的商品详情页文案，通过"真正的高级感隐藏在细节之中"这一标题制造悬念，文案下面写出了具体有哪些细节，让消费者对商品产生好奇，促使他们对商品进行关注，进而使消费者对品牌产生好感，从而下单购买。

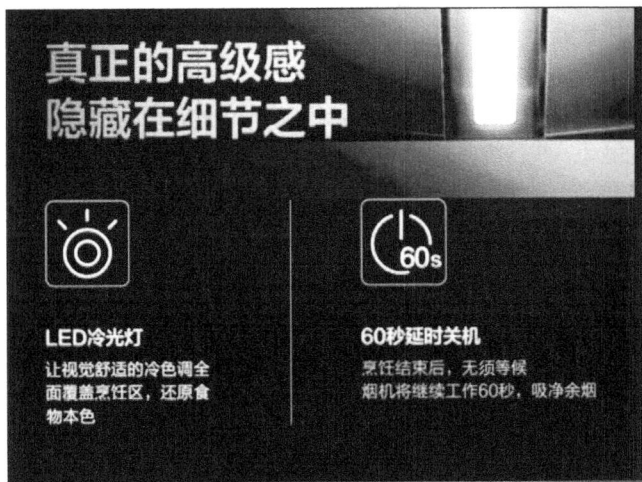

图 3-8　悬念式标题

在选用悬念式标题时，电商文案创作者要将事实与悬念的线索相匹配，做到融会贯通。此外，标题事实一定要是最近发生的事情。最后，悬念的设置要简明而单一，要把握好悬念的度，既不要使用太过"暴露"的话语来提示消费者，也不要"隐藏"得太深，故弄玄虚。

3.1.2 电商文案标题的拟订原则

标题是电商文案的核心要素之一，一个好的标题能迅速引起消费者的阅读欲望，提高点击率。电商文案创作者在拟订电商文案标题时，要遵守以下原则。

1. 真实原则

真实是指标题所表达的意思与文案内容完全一致。只有表达真实，标题才能得到消费者的信任，并与消费者建立真正牢固的关系。这也符合电商文案的特点和电商文案创作者职业道德的要求。

2. 通俗易懂原则

标题创作要追求通俗易懂的表达方式，尽可能降低消费者的阅读门槛，缩短消费者做出购买决策的时间。不同的电商文案有不同的定位，有的追求高雅经典，有的追求品质格调，有的追求商业利益……但对于普通消费者来说，通俗易懂的标题才是最能让人接受的。电商文案标题需要先让消费者容易接受，消费者只有接受了，才有可能进一步查看并接受电商文案的具体内容。

3. 利益性原则

利益性原则是非常重要的标题拟订原则，标题应尽量体现出商品能带给消费者的利益，即消费者能从商品或服务中得到什么好处。

4. 精准信息量原则

信息量通常包括商品标签（名称、性能等）、矛盾冲突点和数据等。电商文案创作者从中提炼出能够表现主题的信息量，将其组合成为标题，给予消费者最直观的内容感受，并吸引消费者的注意力。例如，"某某连衣裙如何做到月销10万件？"这个标题，能够向消费者展示精准的信息量——月销10万件。

5. 情感原则

情感的存在使人们的生活丰富多彩，在网络虚拟化的时代，真实温暖的情感更容易带给消费者心灵的触动。统计数据显示，情感类电商文案在网络中的传播率要高于其他类型的文案。电商文案的标题如果能突出情感，将主题用合理的情感表达出来，带给消费者温暖，就很容易得到关注，为商家带来较大的流量。

6. 标题和主图、详情页相关原则

标题和主图、详情页相关，其目的还是提高转化率。比如消费者在电商平台搜索"长款鸭绒服"，在搜索结果页面看到一个长款鸭绒服主图的时候，他可能愿意点击进去。然后当他看到详情页中也一直在突出这件长款鸭绒服的时候，他可能就愿意购买。

3.1.3 电商文案标题的写作技巧

电商文案标题的好坏直接关系到商品浏览量和转化率的高低。因此，电商文案创作者必须掌握电商文案标题的写作技巧。

> ✒ **知识点提问**
>
> 电商文案标题写作时应掌握的技巧有哪些？

1. 借名人

借名人是指利用名人（如权威专家、知名人士）的影响力对自己的商品或服务进行推广营销，以达到快速销售商品的目的。这种类型的电商文案标题都比较简单，一般会含有名人的信息，如服装类的"某某名人同款"，或者化妆品类的"某某名人不老的密码"。

名人的事情通常是大众所关注的，因此很多电商文案也利用名人效应。消费者爱屋及乌，因为对名人的喜欢、信任，从而转嫁到对商品的欢迎、信任。电商文案标题可以借助名人来吸引公众的眼球，增加文案的阅读率。如果所宣传的事物或者商品能和名人有联系，借助名人的噱头，商品会吸引不少消费者的关注。因此，如果标题中涉及专业人士或名人的观点，那么可以将其姓名直接加入标题中。

2. 借热点

借热点主要是借助最新的热门事件、新闻热点等，并以此作为电商文案标题创作的源头，利用消费者对社会热点的关注来引导他们关注文案，从而提高文案的点击率和转载率。热点包括世界杯、奥运会、热播电视剧和时事热点等。

电商文案创作者可以利用百度热搜榜、今日头条热榜等来关注最新的热点，并在撰写电商文案标题时巧妙地借助这些热点。例如，2021年东京奥运会，某商家销售商品的标题文案中含有"2021奥运会乒乓球服套装男女款短袖羽毛球衣国家队比赛新款运动服"，如图3-9所示。消费者在选购商品时，看到关联的热点事件，会体会到两者之间有共同点，从而产生一种天然的好感。

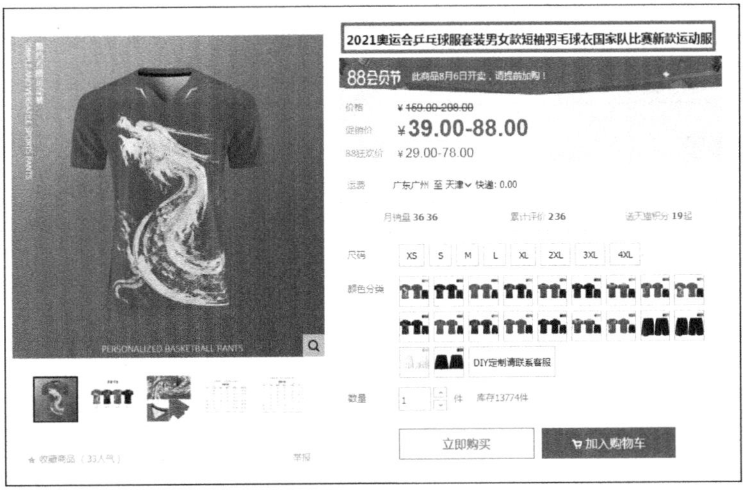

图 3-9　借热点的电商文案标题

拓展案例

残奥会中国队连续五届位居金牌榜和奖牌榜第一

东京残奥会中国队获得96枚金牌60枚银牌51枚铜牌，连续五届锁定残奥会金牌榜和奖牌榜第一位。1984年，中国队开始参加残奥会。到了2004年雅典残奥会，中国队实力节节高升，拿到了63枚金牌，首次占据残奥会金牌榜第一位。一直到2020年东京残奥会，中国队连续五届金牌榜排名第一。

我国残奥健儿充分展示了新时代我国残疾人运动员挑战极限、锐意进取、顽强拼搏的精神风貌。作为中华儿女，我们理应为这些运动员感到骄傲，他们的精彩表现为我们树立了榜样，为残奥事业添了彩，为祖国争了光。最为重要的是，这些运动员取得的优异成绩，还进一步激发了海内外中华儿女的爱国热情，祖国和人民为他们感到骄傲和自豪。

3. 借流行

电商文案创作者在写作文案标题时，适当使用一些网络流行的词语，同样可以吸引消费者的注意力。图 3-10 所示的电商文案标题中的"洪荒之力"就是当时网络中的流行语，该商品就是借助这一流行语，创作出对应的电商文案标题，以此吸引消费者的注意力。2016 年，里约奥运会女子 100 米仰泳比赛结束后，傅园慧的一句"我已经用了洪荒之力啦！"成为一个助推器，"洪荒之力"迅速红遍网络，而"控制不了体内的洪荒之力"也成为网友调侃的常用语。

图 3-10　借流行的电商文案标题

小提示

网络世界中几乎每隔一段时间就会出现一些新的网络流行词语，这些词语通常具有通俗易懂、幽默风趣等特点，应用到电商文案标题中可有效拉近电商文案与消费者的距离，能增加消费者对电商文案的关注度。

4. 借数字

数字化标题，即将正文的重要数据或本篇文章的思路架构整合到标题中。数字化标题一方面可以利用引人注目的数据引起消费者注意，另一方面可以有效提高阅读标题的效率。数字代表的是精确、权威、客观和专业，在标题中加入数字不仅能很快让商品在消费者面前建立可信度，还能以一种丰满有力的、有冲击力的方式迅速准确地抓住消费者的注意力。

电商文案中充满了各种数字，从"9.9 元包邮"到"9.9 元最后 1 小时"，从"1 小时销售 500 件"到"全网销量 50 000 件"，从"直降 100 元"到"立减 60 元"，几乎可以说"无数字，不文案"。

好的电商文案标题不仅要带有冲击力，有时还要给人一种紧迫感，如"天猫'双 11'，全场 6 折""新品 28 元超低价，限量发售""5 折甩卖，最后一天"。这几个标题在使用数字向消费者传达巨大优惠冲击的同时，又用"双 11""限量发售""最后一天"等词给消费者营造了一种紧迫感。

图 3-11 所示的标题就是电商文案中常用的数字化标题。该标题就是直接利用数字向消费者展示促销活动的优惠条件"满 199 元减 10 元"。另外，文案中还有活动时间，认可该优惠条件的消费者怕失去机会，可能就会下单购买。

电子商务文案策划与写作：理论、案例与实训（微课版）

图 3-11 借数字的电商文案标题

5. 借神秘

大多数人都有探究事物的喜好，而且人类的求知本能也让大家更喜欢探索未知的秘密。因此，揭秘的标题往往更能引发关注。脑白金上市之初曾在媒体投放《两颗生物原子弹》等文章，引起关注健康的消费者的兴趣，为日后的品牌推广打下了良好的概念基础。

6. 借文化

电商文案创作者可以将诗词、典故、方言、戏曲、谚语等经典文化元素融入电商文案标题中，以提升电商文案的文化内涵，带给消费者高雅的感受。具有文化底蕴的电商文案标题也更能吸引消费者的关注，可以提升商品和品牌的价值。

7. 有个性

在媒介内容同质化时代，独特的个性化标题非常容易吸引消费者的注意力。一个有创意的标题，要么是直接描述新事物，要么是将消费者听过的事物以一种全新的方式来呈现。好的标题写作要充满创意，有个性，要尽量做到与众不同。

对于电商文案来说，标题的主要功能是引起消费者的注意，而引起注意是说服消费者信服电商文案内容或购买所宣传商品的第一步。要噱头、卖弄文字或夸张吹捧都不是构成出色标题的要素。对于电商文案来说，一则好标题的精妙之处在于它能强化销售信息，加深消费者对商品的印象。寻找到恰当的卖点并将其体现在标题中,是商品畅销的重要因素,很多商品会在其电商文案的标题中直接展示个性化卖点。图 3-12 所示为某品牌插座的文案,其标题中就有"新国标·安全大升级"这一个性化卖点。

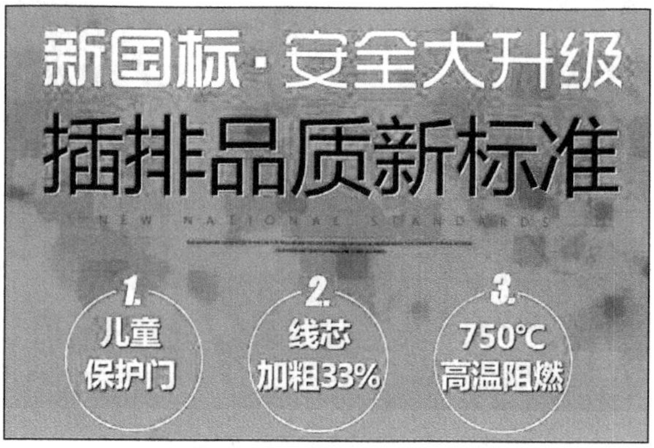

图 3-12　个性化标题

3.2　电商文案正文写作

电商文案创作者要掌握电商文案正文的写作方法,包括正文开头、正文内容和正文结尾的具体写作方法。

3.2.1　正文开头写作

正文的开头不仅是编辑创作电商文案内容思路的起点,还是吸引消费者继续浏览内容的关键。如果正文开头写得好,成功吸引了消费者的注意力,那么不但能为接下来的电商文案内容奠定良好的基础,也能带给消费者一种美的享受,或者打动消费者的内心,引发其购买商品的意愿。正文开头的写法很多,电商文案创作者可参考下面介绍的几种方法来提高自己的写作水平。

> ✒ **知识点提问**
>
> 电商文案正文开头写作有哪些方法?

1. 开门见山

开门见山就是直截了当、直奔主题,毫不拖泥带水。这种写作方法在文章开头就引出文中的主要人物,或引出故事,或揭示主题,或点明说明的对象。它要求快速切入文章中心,将文章需要表达的内容直接描述给消费者。对于促销推广的电商文案来说,开门见山就是直接说明某商品或服务的独特卖点。这类开头可围绕所营销商品或服务本身的功能或特性来展开,同时结合消费者的情况,以引起消费者的共鸣。

电子商务文案策划与写作:理论、案例与实训(微课版)

图 3-13 所示的电商文案正文开头就直接开门见山地围绕营销的商品来进行叙述。

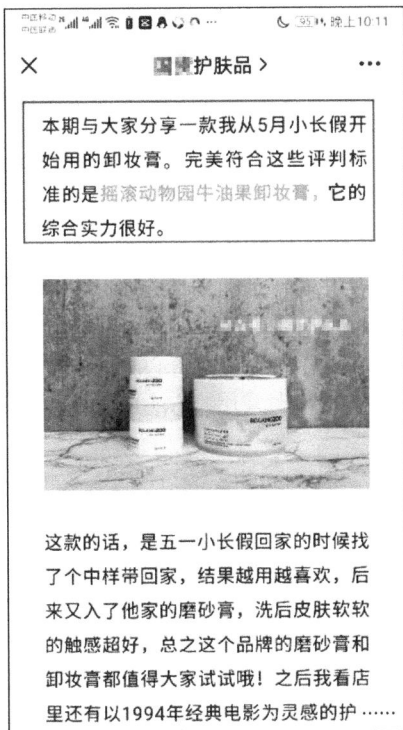

图 3-13 开门见山

小提示

注意采用这种方法开头时，文章的主题或事件必须要足够吸引人，否则太过直白的营销信息会使消费者快速失去继续阅读的欲望。

2. 引用名言

该方法是在正文开头精心设计一则短小、扣题又意蕴丰富的句子，或使用名人名言、谚语或诗词等来引领文章的内容，凸显文章的主旨及情感。这种方法既能吸引消费者，又能提高电商文案的可读性。图 3-14 所示的文案开头"我·生而自由"，引用卢梭的《社会契约论》中的"人是生而自由的"。

3. 利用故事

正文开头可以使用小故事，用一句话揭示道理。采用故事开头要注意故事的长短，故事主要起引导的作用，建议尽量选择短小有趣的故事。正文开头应该更加精练，需

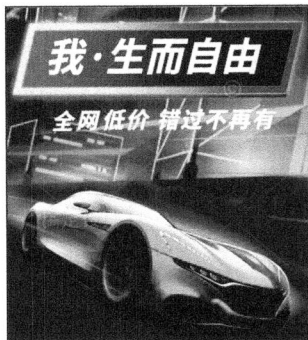

图 3-14 引用名言

要做到字字雕琢。如果故事内容太长，可添加超链接，引导有兴趣的消费者继续阅读。图 3-15 所示的小米文案就以 "8 月 10 日雷军年度演讲，揭秘雷军最艰难的 10 个选择" 为开头，这则文案一经出现便在网上持续曝光，被各媒体平台争相转发，达到了较好的营销效果。

图 3-15　利用故事

4. 引起好奇，创造共鸣

当消费者被电商文案的标题吸引，想要进一步阅读内容时，正文开头能进一步吸引消费者注意就显得格外重要。电商文案创作者在创作正文开头时，可以以商品或品牌为出发点进行陈述，从消费者的利益出发，抓住其注意力并引发其好奇心。

电商文案创作者在创作正文开头时常用的方法是 "引起好奇+创造共鸣"。下面展示了3 则正文开头部分的内容。

（1）他为什么要放弃年薪 30 万元的外企高管工作，在网上卖服装，短短一个月月销100 万元，他是如何做到的……

（2）5 年前，晓丽开了第一家网店，现在，她在全国有 40 家加盟店，这个小姑娘是怎么办到的……

（3）这款手机的销量凭什么在全国手机销量中能排到前 3 名……

5. 引用权威

权威不仅指权威人士，还包括某个行业的调查数据、分析报告、趋势研究等资料。大部分人都会相信权威的力量，都会相信权威的数据。

电商文案创作者无论引用什么权威信息，一定要展示其专业性和影响力；描述权威的时候，一定要描述出权威的高标准，表现出并不是所有人都可以轻而易举地获得这个商品或服务。

图 3-16 所示的某品牌漱口水的宣传文案在开头就直接指出美国某实验室数据信息，这就是权威的数据加权威的第三方，这样的文案就容易获得消费者的信任。

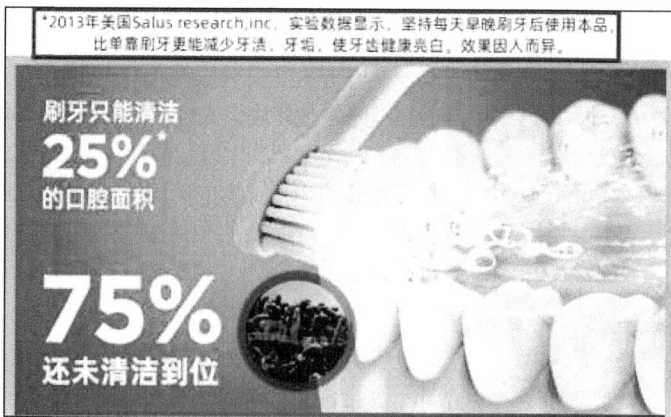

图 3-16　引用权威

6. 继续阐述标题的内容

如果电商文案的标题已经写得足够好，足够吸引消费者，那么电商文案创作者就可以在电商文案开头继续阐述标题的内容。此时应直奔主题，即毫不拖泥带水地展示商品或品牌的优势，或者介绍解决某种问题的方法等。这种写作方法是围绕商品本身的功能或特性来展开的，主要用于商品宣传或营销文案中，特别适用于一些科技类或生活用品类的商品。电商文案从标题到正文，都围绕商品本身进行描述，详细说明该商品的相关特性和服务。

7. 拟人化

拟人化就是将电商文案内容写成戏剧性对白或作者的陈述，并将商品虚拟化成人物，向消费者展现其内心活动。拟人化的独白式语言通常会带给消费者一种正在亲身经历此种感受或故事的感觉，比较容易被消费者接受。因为拟人化的内心独白常被认为是内心活动的真实反映，不掺杂虚伪的感情，所以能给予消费者以情真意切、直诉肺腑的印象，引起消费者的共鸣，获得消费者的信任。

例如，某款核桃的商品宣传文案开头就以拟人化的手法讲述了核桃的"心情"——"虽然我脸皮薄，但我内心丰富"。文案语言生动，如叙家常，令人感到十分亲切，容易让消费者在认可的同时产生购买的行为。

8. 使用具有诱惑性的语句

"诱惑性"的电商文案开头就是将消费者视为无意关注者，对文案表达形式进行创新，选择新颖的内容，以"诱惑性"为导向，创作能够吸引消费者注意、点击和深入参与的文案。"诱惑性"主要体现在以下方面。

（1）利益。例如，"抢到就赚200元""说句话，赢大奖""免费笔记本等你来拿"等都是点击率较高的文案短句。图3-17所示文案中使用了"1元至高可抵1000元"的利益诱惑性语句。

图3-17　利益诱惑

（2）情感。文案以情感为"诱饵"，吸引消费者点击的效果通常较好。

（3）趣味。趣味指文案语言读起来充满情趣，或是让消费者感觉到阅读的方式有意思。

3.2.2　正文内容写作

正文内容写作

电商文案创作者创作文案的目的是用内容影响消费者的认知和行为，传达主题，实现推广营销。因此，电商文案正文需要对商品进行详细的描述，下面介绍正文内容的写作方法。

1. 简单直接

简单直接符合消费者的浏览习惯，也是正文内容写作的重要法则。这一点对于电商文案而言特别重要，因为大部分电商文案是与商品详情页相结合的。消费者需要依靠电商文案了解商品的信息，但消费者的耐心有限，如果文案表达不直接，消费者在了解商品时需要花费太多时间去猜测文案中表达的意思，就会丧失购买的冲动，商家就会丢失潜在消费者。所以，电商文案越简单直接，消费者对商品越容易产生深刻印象。图 3-18 所示的某电商文案正文内容简单直接地展示了商品的性能。

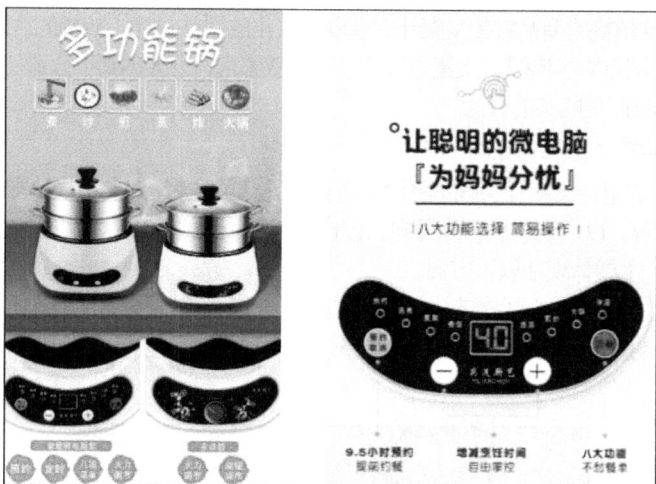

图 3-18　简单直接的正文内容

2. 让利消费者

电商文案经常会在正文中注明促销的内容，给予消费者各种促销让利，以刺激消费者在最短时间内进行消费，从而提高商品销量。例如，很多商品销售文案会直接在正文中注明各种优惠促销，促使消费者产生消费行为。图 3-19 所示为电商文案中让利消费者的正文内容。

3. 用感情来打动消费者

好的电商文案是一种情感流露，电商文案创作者在创作电商文案内容时应尽可能提炼语言，抓住消费者的内心需要，这样才能达到好的营销效果。所以，电商文案的正文写作应利用简单的遣词造句，直击消费者的痛点。电商文案的风格无论是怀旧风还是文艺风，只要赋予感情，就能触及消费者的内心深处，引发消费者共鸣。图 3-20 所示正文中的"千言万语不如懂你，送爸妈最好的礼物"，正是用感情来打动消费者。

电子商务文案策划与写作：理论、案例与实训（微课版）

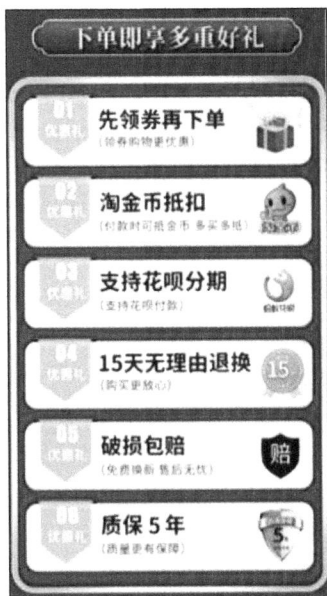

图 3-19　电商文案中让利消费者的正文内容

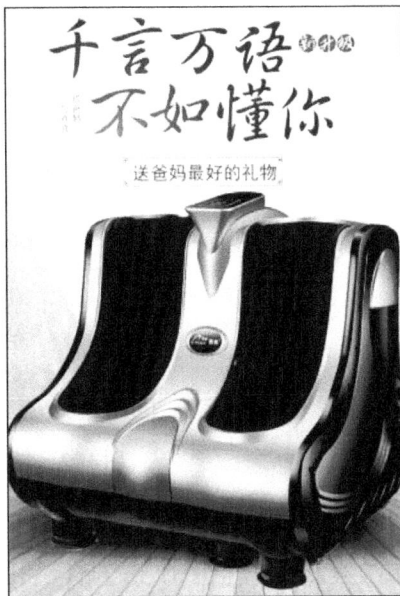

图 3-20　用感情来打动消费者

4. 个性化迎合消费者

随着"90后""00后"逐渐成为网络消费的主体人群，电商文案的目标群体也发生了变化。为适应这类群体的消费需求，商家在商品、渠道和营销方面都要做出转变。电商文案创作者在针对这类消费人群进行文案创作时，要抓住他们的消费特点，如移动互联、差异化（具有展现个性的消费需求）、宅生活（追求高度便捷的消费方式）等。同时，电商方案创作者要使用轻松、愉悦的写作风格，增强文案的个性化特点。

图 3-21 所示为某运动品牌的个性化文案内容，该品牌定位的群体是时尚、独立和喜欢运动的年轻消费者。所以，该品牌文案向消费者展示出其与众不同的运动风格，有个性，让喜欢的消费者按捺不住购买冲动。

图 3-21　个性化的文案内容

5. 诙谐幽默

诙谐幽默是解除消费者戒心的有效途径。幽默的文案内容可以吸引消费者的注意力，能够留住消费者，让目标客户变成消费者。在充满压力的社会中，幽默是缓解压力最好的方式之一。一个有名的电商文案创作者曾经说过，"你可以缠着消费者推销，也可以通过幽默的方式卖东西给他们，我选择后者，因为它简洁明快，效果无可比拟"。图 3-22 所示为诙谐幽默的文案"横竖都是它"，以此吸引消费者购买。

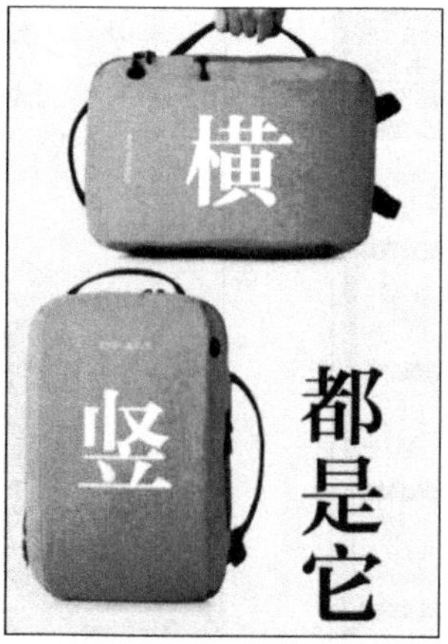

图 3-22　诙谐幽默的文案

3.2.3　正文结尾写作

电商文案正文结尾也是相当重要的，它是触动消费者情感的关键一步。电商方案是否可以打动消费者，促使其下定购买的决心，往往就是看结尾是否出色。正文结尾可参考以下几种方法进行写作。

1. 引导行动式

引导行动就是从感情上打动消费者，让商品有温度、有情绪。消费者在感受到电商文案创作者的用心与认真时，往往就会被打动。电商文案创作者也可以利用利益和好处对消费者进行引导，在推广文案中用这种引导行动的结尾方式还可以将利益最大化，引导消费者点击购买。比如，下面的结尾方式就是采用了引导行动式。

- 每天前 15 名下单的消费者免费赠送手机壳。
- 活动期间，凡在本店购买任意一款手机，即送 200 元代金券。

2. 互动式

互动式结尾是在正文结尾设置互动话题，吸引消费者参与，引发他们的思考并提高参与度。运营人员可挑选具有代表性的内容进行回复，不要为了数据而欺骗消费者。商家可以在微博、微信、微淘等注重参与评论的社交平台的文案中设置话题，最好是设置一些消费者比较感兴趣的话题。

- 转发并留言，从中抽取 5 位平分 100 元。
- 认可文中观点，欢迎点赞转发。
- 已经购买使用我们的商品的，欢迎写出您的使用感受。
- 评论区来聊聊，你最喜欢文中的哪一款商品？
- 点击下方图片即可购买，品牌直发更安心（见图 3-23）。

图 3-23　互动式文案结尾

电子商务文案策划与写作：理论、案例与实训（微课版）

3. 点题式

点题式结尾就是在文末总结全文，点明中心。有的文章在标题和开头写作时只对有关问题进行阐述和分析，简单叙述过程，到结尾时才将具体活动信息点明。图 3-24 所示的电商文案标题指出了直播预告，在结尾处点明了直播时间。

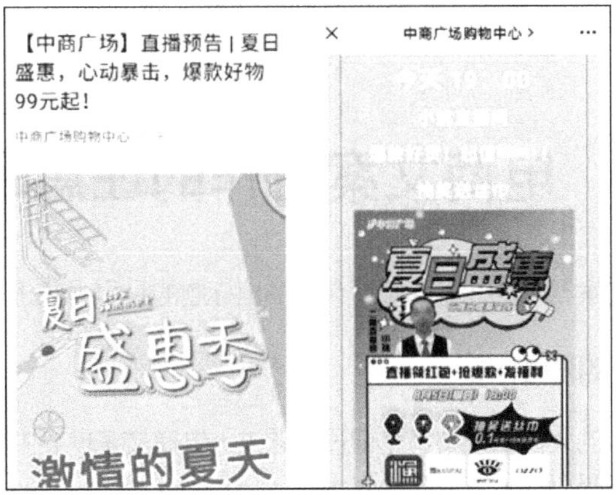

图 3-24　点题式文案结尾

4. 请求号召式

请求号召式结尾是在正文结尾处向消费者提出某些请求或发起某种号召，为消费者提供利益或优惠活动，以求引起消费者的共鸣，加深消费者的印象。图 3-25 所示为请求号召式文案结尾。

图 3-25　请求号召式文案结尾

5. 转折式

转折式的结尾就是用出其不意的逻辑思维，使电商文案的内容与结尾形成一个"奇怪"的逻辑关系，得到出人意料的效果。这种写作方式常有奇效，这种转折落差常会在消费者心里引起震撼，让消费者惊叹电商文案创作者的想法，从而引起消费者的讨论，在其心中留下深刻的记忆。

3.3 电商文案写作的注意事项

下面介绍电商文案写作的注意事项，包括突出标题的吸引力和正文内容的可读性。

3.3.1 突出标题的吸引力

标题是电商文案的大门，消费者是通过标题进入电商文案世界中的。因此，电商文案创作者一定要用标题吸引住消费者的注意力。

✎ 知识点提问

怎样突出电商文案标题的吸引力？

---

1. 选好词语

在撰写电商文案标题时，电商文案创作者一方面要使用具有吸引力的词语，如"免费""秘密"等，另一方面要分析研究到底什么样的词语对消费者具有吸引力。例如，童鞋的电商文案就可以采用"陪伴孩子每一步成长"的标题，这一标题很容易打动父母。

2. 冲突化

创造冲突可以从消费者、竞争对手和自我3个角度来进行考虑，电商文案创作者通过深入研究目标对象的需求来打造商品的核心竞争力，使消费者在看到标题的第一眼就对商品产生兴趣，进而认可你的观点。这样做可以扩大信息的影响力和传播范围。以下为常见的在标题中制造冲突的示例。

你敷的是"面膜"还是"面魔"？

制造冲突的过程中，电商文案创作者要注意把握冲突对象、冲突内容和冲突目的，要在满足需求的基础上不断制造并激化冲突，以加强标题的吸引程度。冲突的核心诉求点切忌随意变化，否则容易使消费者对核心诉求点产生模糊的印象。

3. 具体化

电商文案创作者一定要注意将标题内容具体化，即将抽象的、看不见的、不容易理解的内容用直接、简明的方式叙述，变成消费者能够直接看见的、容易理解的信息。

3.3.2　正文内容的可读性

文字是电商文案内容的核心，而排版是电商文案内容呈现不可或缺的部分。客户除了对内容质量有要求之外，更看重阅读体验，因此文字排版尤为重要。

排版的目的不是让消费者关注排版，而是通过排版，便于消费者理解内容。因此，电商文案创作者遵循基本的排版规则，将文字自然地呈现在消费者面前即可。为了克服文字固有的缺点，人们赋予了文本更多的属性，如颜色、字号、行间距、段间距、字间距等。

1. 颜色

电商文案创作者使用不同颜色的文字可以使想要强调的部分更加引人注目，但应该注意的是，对于文字的颜色，只可少量运用，如果什么都想强调，其实是什么都没有强调。况且，在一个页面上运用过多的颜色会影响消费者阅读页面内容，除非电商文案创作者有特殊的设计目的。

纯黑色字体相较于白色屏幕会形成强烈的对比冲突，因反差太强而显得刺眼，会造成阅读体验不佳。因此，正文字体颜色尽量不用纯黑色。

相较之下，正文字体颜色使用灰色较为适宜。下面是看起来比较舒服的颜色及其 RGB 数值，如图 3-26 所示。

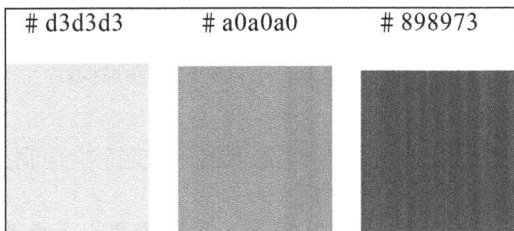

图 3-26　设置字体颜色

另外需要注意的是文字颜色的对比度，包括明度上的对比、纯度上的对比及冷暖的对比。这些不仅对文字的可读性发生作用，更重要的是，电商文案创作者可以通过对颜色的运用实现想要的设计效果、设计情感和设计思想。

2. 字号

不同的手机，屏幕的尺寸不同，但是从视觉效果上看，字号的大小会影响阅读体验。较大的字号可用于标题或其他需要强调的地方，小一些的字号可以用于页脚和辅助信息。需要注意的是，小字号容易产生整体感和精致感，但可读性较差。

微信编辑器中的常用字号为 14 号、16 号。15 号并没有显示在字号选择区中，但可以直接在字号选择区中手动输入。秀米编辑器同样可以直接输入 15 号字号进行编辑，如图 3-27 所示。

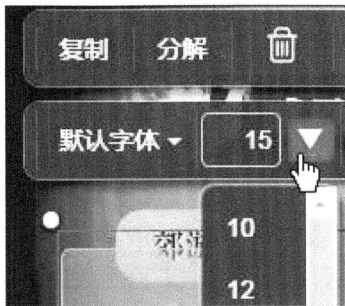

图 3-27　设置字号

3. 行间距

行间距是文本中上、下行之间的距离。行间距的变化也会对文本的可读性产生很大影响。一般情况下，接近字体尺寸的行间距设置比较适合正文。由于默认行间距在手机上显示时，上行与下行较为拥挤，电商文案创作者可以先按"Ctrl+A"组合键全选正文，再把行间距设置为1.5倍或1.75倍，1.5倍和1.75倍给人的视觉体验较佳。秀米编辑器同样支持行间距设置，如图3-28所示。

图3-28　设置行间距

4. 段间距

段间距是上、下段之间的距离，包括段前距和段后距。当字号为15号，正文段前距或段后距设置为"10"或"15"时较为适宜，给人的阅读体验较好。

5. 字间距

字间距是字与字之间的距离。微信自带编辑器并不支持对字间距进行直接编辑，需要第三方的编辑器编辑后复制至微信编辑后台。

设置字间距可进入秀米编辑器的排版界面，选择"间距"下的"字间距"选项；正文字间距为"1"或"2"时较为合适，如图3-29所示。

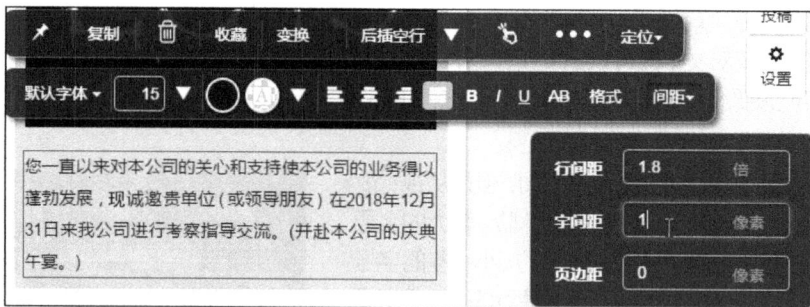

图3-29　设置字间距

文字设置虽然受屏幕分辨率和浏览器的限制，但仍有通用的一些准则：文字必须清晰可读、大小合适；文字的颜色和背景色应有较为强烈的对比度；文字周围的设计元素不能对文字造成干扰。

任务实训——女包促销文案写作

实训目标

为了帮助读者进一步了解电商文案的策划与写作，以及文案标题、正文开头、正文内容和正文结尾创作的方法，下面进行本章的实训练习。

实训内容

编写一个女包促销文案，具体要求如下。

（1）根据卖点进行促销文案标题的创作。首先明确购买女包的消费者对于商品的要求，撰写标题时最好在其中直接体现商品的卖点；可以分别采用不同的标题创作方式，创作出多个文案标题。

（2）选择合适的创作方法创作文案正文内容。正文内容创作可以通过优惠活动来吸引消费者注意，当然也可以使用简单直接、让利消费者、用感情来打动消费者、个性化迎合消费者、诙谐幽默等多种方法创作多个文案内容。

（3）根据标题、正文内容和商品图片做好文案的排版。注意文字的字体和颜色，以及空间位置等，尽量做到简单整洁，突出重点和卖点。

实训练习

在编写促销文案时，要创作电商文案标题，编写电商文案正文内容，制作电商文案图片。

实训分析

电商文案也是广告文案的一种，所以它具备广告文案的特征，即创作目标一定是为了迎合市场，提高商品的销售转化率。电商文案又自带互联网属性，所以在写作方法和传播媒介上与传统的广告文案有着巨大的不同——它更侧重于互动和分享，互动模式多种多样。

一则出彩的电商文案会使人开怀大笑或潸然泪下，它可以让人感慨人生，也可以让人为它的创意点赞。电商文案是一种带有销售性质的文案，它的主要目的是让消费者信任文案中所描述的商品，并产生购买欲望。

知识巩固与技能训练

一、填空题

1. 电商文案通常由_____和_____两个部分组成，好的标题是吸引消费者注意力的首要因素，精彩的正文则是引导和刺激消费者了解品牌或购买商品的关键因素。

2. _____标题是指用正面、积极的态度，在标题上直接称赞商品。

3. _____标题的目的是启发消费者思考，通过提出问题引起消费者的关注，从而促使消费者对商品或服务产生兴趣，或者受到启发并产生共鸣。

4. _____主要是借助最新的热门事件、新闻热点等，并以此为电商文案标题创作的源头，利用消费者对社会热点的关注来引导他们关注文案，从而提高文案的点击率和转载率。

5. _____就是将电商文案内容写成戏剧性对白或作者的陈述，并将商品虚拟化成人物，向消费者展现其内心活动。

二、选择题

1. （　　）是目前常用的一种电商文案标题形式。其特点就是直观明了、实事求是，通过简明扼要的说明使人一目了然。

A. 提问式标题

B. 诉求式标题

C. 宣事式标题

2. （　　）是通过与同类商品进行对比来突出自己商品的特点，或者通过商品使用前后的对比来加深消费者对本商品的认识。

A. 对比式标题

B. 新闻式标题

C. 悬念式标题

3. 对于电商文案来说，（　　）的主要功能是引起消费者的注意，而引起注意是说服消费者信服电商文案内容或购买所宣传商品的第一步。

A. 正文　　　　　　　　　B. 标题　　　　　　　　　C. 结尾

4. （　　）的结尾就是用出其不意的逻辑思维，使电商文案的内容与结尾形成一个"奇怪"的逻辑关系，得到出人意料的效果。

A. 请求号召式　　　　　　B. 转折式　　　　　　　　C. 点题式

三、简答题

1. 电商文案标题的常见类型有哪些？

2. 电商文案标题的拟订原则有哪些？

3. 电商文案标题的写作技巧有哪些？

4. 电商文案正文开头的写法有哪些？各有什么特点？

5. 突出标题的吸引力的方法有哪些？

四、技能实践题

练习电商文案的写作过程（见表 3-1）。

表 3-1　电商文案的写作过程

	概述	详细操作步骤
第一步	电商文案标题写作	先了解常见的电商文案标题类型，还要遵守一些原则
第二步	电商文案正文开头写作	正文开头的写法很多，电商文案创作者可参考本书介绍的几种方法来提高自己的写作水平
第三步	电商文案正文内容写作	电商文案正文需要对商品进行详细的描述，参考本章介绍正文内容的写作方法
第四步	电商文案正文结尾写作	电商文案正文结尾也是相当重要的，结尾是触动消费者情感的关键一步，是否可以打动消费者，促使其下定购买的决心，往往就是看结尾是否出色

第4章 商品文案的策划与写作

现在市场上同类型的商品越来越多，因此，商家非常重视宣传。商品文案的策划与写作是宣传的基础。商品文案的策划与写作目的是什么？简单地说，就是让无需求的人记住，让有需求的人购买、分享。电商网店中不同的商品文案有不同的功能，因而撰写的方法也有所不同。本章主要介绍商品详情页文案写作、商品品牌文案写作、商品海报文案写作。

【任务目标】

- 掌握商品详情页文案写作的思路、原则和技巧。
- 掌握商品品牌文案写作的流程、要素和技巧。
- 掌握商品海报文案的构成要素和写作技巧。

案例链接

做好商品详情页，提高商品转化率

商品详情页除了能告知消费者该商品的基本情况外，还能通过一些细节展示和文字描述来打消消费者的购买疑虑、售后顾虑，从而促成购买。可以说，商品详情页直接影响着商品的转化率。

一个好的商品详情页文案，不仅可以让商品转化率提高，还可以让营销成本下降。商品详情页就像是商品的销售员，策划商品详情页就是告诉消费者为什么要买这件商品。优秀的商品详情页可以降低页面跳失率，刺激消费和转化。

根据对两万多家淘宝店铺的抽样调查发现，中小商家的消费者中有 99%是从商品详情页进入店铺的，大商家的消费者中有 92%是从商品详情页进入店铺的，超大商家的消费者中有 88%是从商品详情页进入店铺的。因此，商品详情页是店铺营销的核心所在。

调查进一步显示，消费者最关心的因素包括商品图片、商品详情页（参数、性能、属性等）、售后服务、质量保障、资质证书、使用说明、注意事项、快递包装、消费者评价、促销打折政策、客服态度、店铺信誉等。

商品详情页就相当于销售员，消费者进了店铺会不会购买，就看商品详情页文案有没有写到点子上。明确消费者的购买意图，厘清购买逻辑，是写作商品详情页文案第一步要做的事情。

思考与讨论

1. 商品详情页文案包括哪些内容？
2. 为什么需要商品详情页文案？

4.1 商品详情页文案写作

消费者进入店铺后，商家能否留住消费者，能否刺激消费者产生购买行为，关键就在于商品详情页文案。商品详情页文案的好与坏，将直接影响商品的销量。因此，商品详情页文案是店铺营销的核心，是重中之重。

4.1.1 商品详情页组成模块

商品详情页是商品信息的主要展示页面。在商品详情页中，商家可以通过文字、图片、视频等各种不同的文案形式来展示商品信息，以介绍商品、树立店铺形象、激发消费者的购买欲望、提高转化率。下面介绍商品详情页的组成模块。

商品详情页组成模块

知识点提问

商品详情页是由哪些模块组成的？

---

1. 商品价值展示

激发消费者购买兴趣最简单的方法就是塑造商品的实用价值，即让消费者看到商品能够带给他们的利益或好处。这个利益或好处应该是消费者最关心、最需要的，即消费者的痛点。消费者购买商品的目的是获得商品的价值，而不是商品本身。如果商品本身没有任何价值，消费者是不会购买的，所以对商品价值的包装也是很有必要的。电商文案创作者需要直接把商品的价值以醒目的形式，如以焦点图、海报图、视频等形式，展示在商品详情页的最上方。图 4-1 所示为商品价值展示，描述的是一款翡翠的海报，它主要展现了"私人定制"的消费者需求，表明可定制手镯、戒指、项链、平安扣、耳环，以吸引消费者继续浏览商品详情页。

2. 商品卖点展示

商家展示商品卖点可以先通过一段凝练的文字形成主打广告语，再通过商品详情页文案内容来进行展示。一个完整的商品应该包括核心商品、形式商品、延伸商品 3 个层次。核心商品即商品的使用价值；形式商品是指商品的外在表现，如外观、质量、重量、规格、视觉、手感、包装等；延伸商品是指商品的附加价值，如服务、承诺、荣誉等可以提升商品内涵的元素。商家将这些信息全部收集起来，再通过前面介绍的卖点提炼方法找到与消费者需求相匹配的人无我有、人有我优的卖点，并加以放大。很多商品的细节与卖点是需要挖掘的，每个卖点都是能对消费者产生说服力的砝码。商品详情页中能够吸引消费者的卖点越多，就越容易取得成功。图 4-2 所示为商品卖点展示。

3. 商品基本属性描述

商品的基本属性描述包括品牌、包装、规格、型号、质量、尺寸、产地等。这些描述会让消费者觉得受到关怀，能从情感上抓住消费者的心。商品详情页文案针对消费者应以"攻心"为主，让消费者在看完商品详情页文案后，对其中的图片和文字产生共鸣。优质的商品品质可以提升消费者的购买欲望和访问深度，最终提高商品转化率。在展示商品品质时，商家最好不要直接使用烦琐的文字和数据，最好使用简单直白的图片搭配文字进行展示，让消费者能够一目了然。商品详情页在展示功能、细节、性价比等信息时，通常使用图片搭配简单文案，以图片为主、文案为辅，注意商品详情页的整体视觉效果。

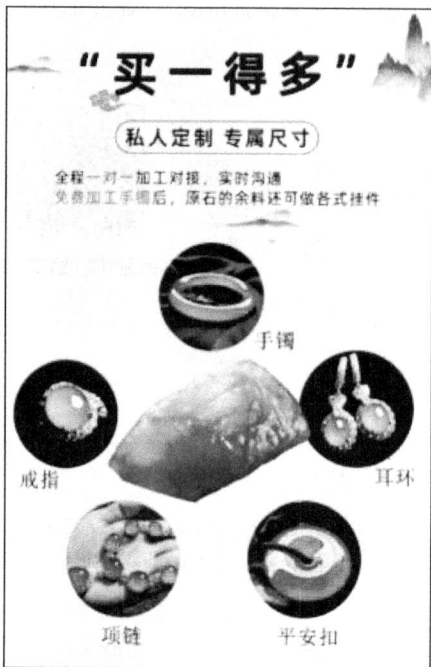

图4-1　商品价值展示

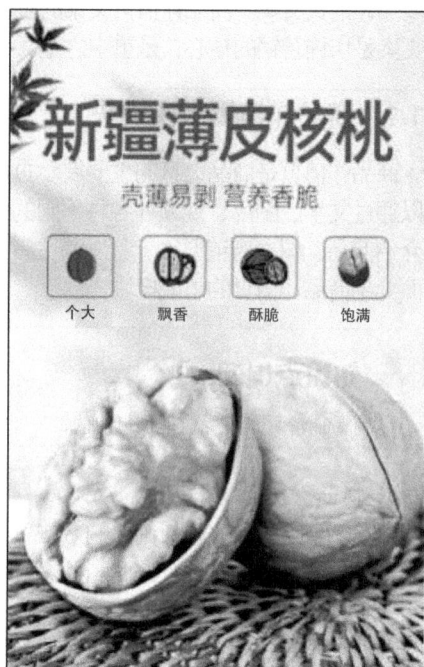

图4-2　商品卖点展示

4. 商品资质证书

商家在商品详情页中添加商品资质证书，可以让消费者感觉到商品质量有保证。商品资质证书、品牌实力、防伪查询等都是打消消费者顾虑的有效方式。如果是功能性的商品，需要展示能够证明其技术实力的资料。如果所售的商品在电视、报纸等新闻媒体上曾有报道，那么收集这些资料展示给消费者也是一种很好的方法。

例如，销售珠宝首饰、数码电子商品的商品详情页都会提供商品的品质证明文件和防伪查询方式。这就为消费者提供了多种证明商品质量的方式，既从商家的角度证明了商品的品质，又让消费者可以自己查证所购买商品的真伪，打消了消费者对商品品质的疑虑。

5. 售后服务

除了商品的详细情况以外，消费者一般还会关心商品的售后服务，如什么情况下可以退货，什么情况下可以换货，退货产生的邮费由谁承担等。这些详细的说明对商品的成功销售起着积极的推动作用。因此，商品详情页要对售后服务、消费者保障等消费者普遍关心的内容进行展示。图4-3所示为退换货的流程。

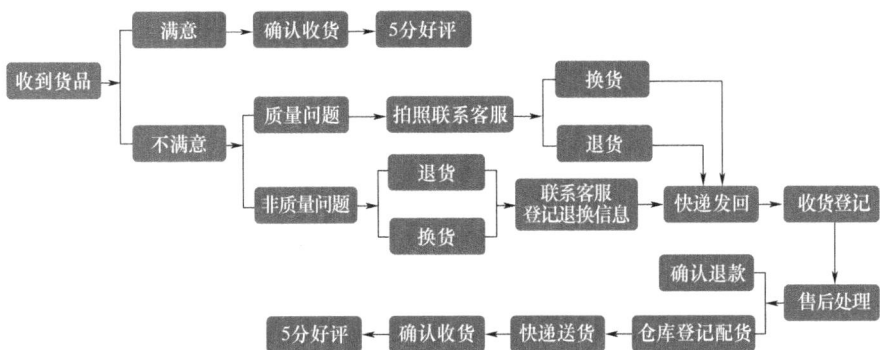

图4-3　退换货的流程

6. 关联商品推荐

商品详情页中还可以添加关联商品推荐，如本店热销商品、特价商品等。这样即使消费者对当前所浏览的商品不满意，在看到商家推荐的其他商品后，也可能产生购买欲望。另外，消费者即使已经决定购买正在浏览的商品，在浏览到其他关联商品时，也可能会产生购买的打算。所以，商家应加大商品的宣传力度，让消费者更多地接触店铺中的商品。图4-4所示为在商品详情页添加其他关联商品推荐。

图4-4　在商品详情页添加其他关联商品推荐

7. 搭配商品

很多消费者上网购物时都会遇到这样的情况：购买了一件商品后，还想买一件与其搭配的商品，如买了一台笔记本电脑还想搭配一个笔记本电脑背包，买了一件衣服还想买一条搭配的裤子。消费者去逐一搜索，既浪费时间，也不能省钱。商家就可以在商品详情页中添加搭配套餐组合商品，这样能帮助消费者一次性地解决问题，省事、省时、省钱。

搭配套餐组合商品就是把相关的商品搭配组合成套餐，如护肤品组合、服装搭配套餐、数码套餐等。消费者在购物时可以灵活选择套餐中的任意几种商品购买，套餐的总价低于原商品一口价的总和。图4-5所示为搭配其他相关的商品。

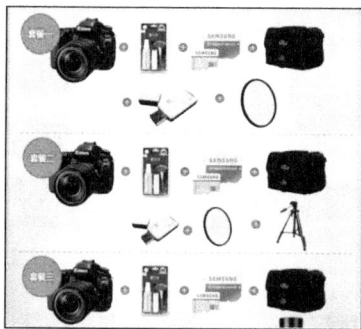

图 4-5　搭配其他相关的商品

8. 细节图

很多新商家都不注重细节图的拍摄，甚至在商品详情页上都没有展示细节图，这样是很难获得消费者的信任的。要想提高商品的成交率，除了商品自身的独特性、商品本身的性价比外，细节图也起着很关键的作用。所以，为了提高商品的成交率，商品细节图的拍摄一定不能少。例如，服装类商品需要拍摄的细节部分有吊牌、拉链、线缝、内标、品牌标志、领口、袖口、衣边等。细节图越多，消费者看得越清楚，对商品产生好感及购买的可能性也就越大。图 4-6 所示为细节图，在该商品详情页中，使用了多幅细节图详细地展示了商品的不同部位。

9. 消费者的评价

淘宝网上，买卖双方交易成功后，双方均有权对对方做出评价，这称为信用评价。良好的信用评价是商品成交的重要决定因素。消费者的良好评价可以对正在犹豫是否购买商品的消费者起到很重要的推动作用。毕竟，商家提供的商品信息宣传性太强，而消费者留下的评论却比较真实。图 4-7 所示为消费者评价图片，在该商品详情页中添加了以往的消费者评价图片。在获取消费者对商品的信任方面，其他信息很难比得上消费者使用后的正向评论语言。

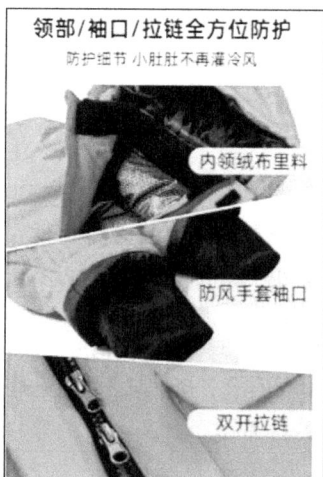

图 4-6　细节图

图 4-7　消费者评价图片

4.1.2　商品详情页文案创作思路

商品详情页文案的好坏是直接决定交易能否达成的关键因素。根据运营情况，店铺商品可以分为新品、促销商品、热卖单品等。下面讲述这几种商品详情页文案的创作思路。

1. 新品详情页文案创作思路

商家对于刚刚研发上市的商品，在通过商品详情页让消费者了解商品的同时，还需要把商品的设计理念准确无误地传达给消费者。电商文案创作者在撰写新品详情页文案时需要注意以下几点。

（1）突出差异化优势

在竞争激烈的环境中，商家想要让商品脱颖而出的最好方式之一就是突出商品的差异化优势。商品的差异化优势是指商品在某一方面做到了极致，有竞争对手无法提炼出的或者无法比拟的卖点。图4-8所示为突出差异化优势，图中"双面独立悬浮烤盘"的卖点就突出了差异化优势。

图4-8　突出差异化优势

（2）强调品牌、品质

对于新品，消费者可能会对新品详情页里面的内容持有一定的怀疑态度，此时就需要强调商品的品牌、品质，以提高消费者对商品的信任程度。图4-9所示为强调品牌、品质，该新品详情页就强调了品牌、品质。

图4-9　强调品牌、品质

（3）运用各类打折促销方式

新发布的商品前期销量低，商家需要使用各种各样的打折促销方式，为商品积累一定的基础销量，这也是新品详情页创作中优先思考的内容。图4-10所示为新品打折促销。

2. 促销商品详情页文案创作思路

对于促销商品,其详情页文案的创作需要考虑以下几个因素。

(1)突出活动力度

促销商品详情页文案通过呈现活动的力度,吸引消费者对商品产生兴趣。图4-11所示为突出活动力度,该图描述了促销活动赠送的大礼包,突出了活动的力度。

图4-10　新品打折促销

图4-11　突出活动力度

(2)强调性价比

商家仅靠促销活动还不足以让消费者产生购买行为,当消费者对活动和商品产生兴趣之后,商家再强调商品的性价比以及功能,给消费者塑造物超所值的感觉,将会有效地提高商品的转化率。图4-12所示为强调性价比。

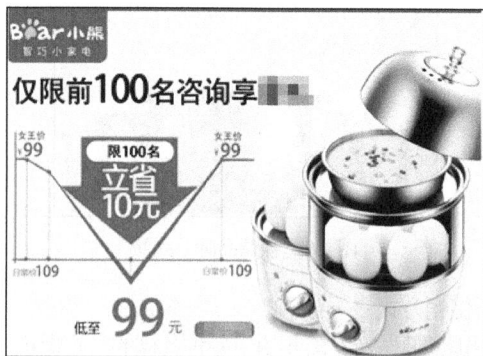

图4-12　强调性价比

3. 热卖单品详情页文案创作思路

热卖单品指的是店铺销量比较好的商品，这类商品的详情页文案需要突出商品的热销盛况及强调商品的优势。

（1）突出热销盛况

利用消费者的从众心理提高商品的转化率是营销常用的方式之一。图4-13所示为突出商品的热销盛况，该热卖单品详情页文案暗示消费者该商品被大众认可，消除消费者的购买顾虑。

（2）强调商品优势

热卖单品详情页文案可以利用商品的优势来佐证大众选择的正确性，只有优质的商品才可以让消费者下决心购买。图4-14所示为强调商品的优势。

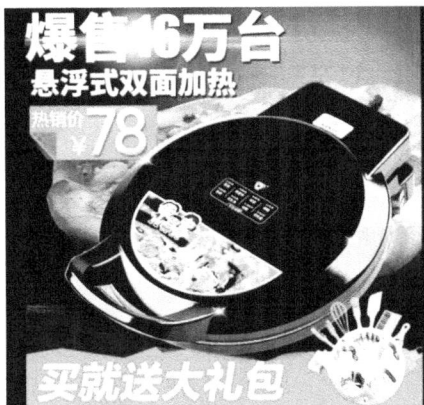

图4-13　突出商品的热销盛况

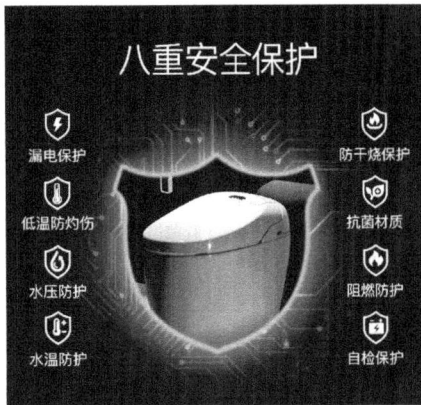

图4-14　强调商品的优势

4.1.3　商品详情页文案的撰写原则

商品详情页作为消费者了解商品的落地页，直接影响着商品的转化率。下面具体讲述商品详情页文案的撰写原则。

1. 真实可信

商品详情页中的商品信息描述要符合实际情况，特别是商品的细节描述、材质和规格等基本信息，一定要真实可信，不能肆意夸大，也不能故意隐瞒或弄虚作假。

拓展案例

开网店一年才成交一单生意却被举报"造假"

深圳的姚先生经营淘宝店铺，一年下来才成交了一单生意，还被消费者举报"造假"，被工商部门罚款2万元。他为什么会被消费者举报呢？

在商品信息宣传方面，姚先生没有从真实可信原则出发，而是采用了夸张的、虚假的商品信息宣传。他的商品宣传语内容是"最好的体验、最好的服务、最好的质量……"，开头都是"最好"这两个字。为何消费者要因宣传语而投诉姚先生呢？因为他的这则宣传语其实违反了《广告法》相关条例。

网店从业人员要坚持守法经营、诚信经营，以诚信企业、诚信品牌、诚信质量为目标，让消费者放心、满意，争做合法经营、诚实守信、主动承担社会责任的网店从业人员。电商文案策划要严格遵守相关法律法规及政策，做到不降低质量、不制假售假、不发布虚假违法广告。

2. 文字通俗易懂

文字的根本用途是传达信息。要想准确、快捷地传达信息，商品详情页中的文字就需要通俗易懂、浅显明了，有很强的可读性。商品详情页的文字要让消费者能直观地明白文案内容，不需要花时间去解读，减少消费者的阅读障碍。标题或重要文字需要使用大字号，使其醒目；强调类文字要使用醒目的颜色，以增强可读性。如果内容较多，则需要留出足够的空白以分段。图4-15所示为文字通俗易懂，该商品详情页文案使用了不同字号的文字，通俗易懂，增强了可读性。

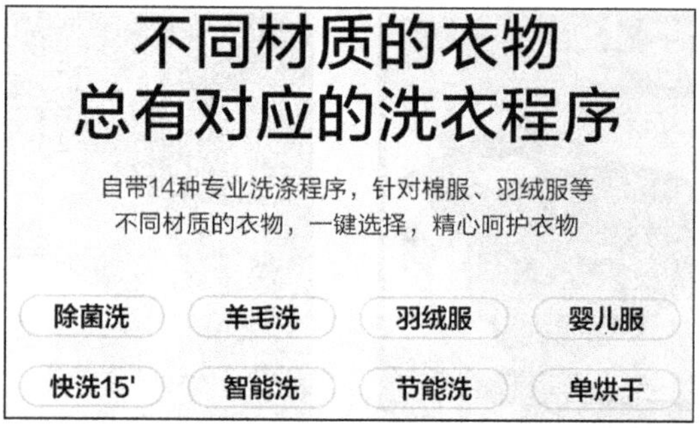

图4-15 文字通俗易懂

3. 前三屏原则

前三屏原则是指商品详情页虽然内容丰富（有的多达十几屏），但消费者会不会下单购买，主要是看商品详情页的前三屏。一般来说，消费者在看了前三屏后，心里已经有了初步决策。所以电商文案创作者在撰写商品详情页文案的时候，要在前三屏中体现商品的价值点，以价值点吸引住消费者，降低页面的跳失率。这其中最重要的是首屏聚焦原则，即在首屏就要引起消费者的注意，一针见血，直指消费者的痛点和商品的优势。这样才能牢牢把握住消费者的心，有效地减少店铺的流失率。

4. 图文并茂

商品详情页需要用文字来进行必要的说明，但吸引消费者的主要还是图片。优美的文字搭配出色的图片，即使在没有购买意愿的消费者心中也能留下良好的印象。商品详情页文案离不开图片的支持，电商文案创作者可以在图片中添加文字，也可以在图片外的空白地方添加文字；但要注意文字不能遮盖图片所要传达的信息，同时要保证图片清晰，重点突出。

> ✏ **知识点提问**
>
> 好的商品图片在商品详情页中起着至关重要的作用，不但可以增加在商品搜索列表中被发现的概率，而且直接影响消费者的购买决策。那么什么是好的商品图片呢？

好的商品图片至少应该能反映出商品的类别、款式、颜色、材质等基本信息。在这个基础上，图片要清晰、主题突出、美观。

商品详情页中的图片应该遵循以下原则。

（1）配合文字描述

高度匹配的图片能表现出画面与文字描述的内容，可以带给消费者更加强烈的视觉冲击，这是增强商品详情页吸引力、刺激消费者产生购买欲望的主要方式。

（2）图片清晰

想要让图片吸引人，刺激消费者的购买欲望，电商文案创作者就要保证商品图片清晰。清晰的商品图片不仅能体现出商品的细节和各种相关的信息，还能极大地增强商品的视觉冲击力。否则，模糊朦胧的商品图片只会降低消费者的体验感和购买欲望，甚至有些消费者还会觉得是盗图，从而对商品失去信心。图4-16所示为清晰的商品图片。

（3）图片美观

商品图片的设计还要注意美观。很多商家想要突出自己的商品优势和特点，都会选择在商品图片上加一些体现商品功能卖点的文字。商家在添加这些文字的时候，一定要选择最重要的功能添加，不要把所有的功能都添加在图片上；否则会造成图片混乱、缺乏美感，甚至本末倒置。图4-17所示为美观的商品图片。

图4-16　清晰的商品图片

图4-17　美观的商品图片

5. 详略得当

没有消费者喜欢在众多的文字描述中提炼商品的有用信息，如果商品详情页文案是一些重复啰唆、没有重点的信息，大多数消费者将会直接退出商品详情页面。

6. 采用对比

商品质量、材质和服务等都可以作为对比的对象，商家应该从消费者关心的角度出发，对可能引起消费者关注的问题进行对比分析，从侧面突出自身商品的优点。例如，食品类商品可从产地、包装、密封性、新鲜程度、加工、储存等方面进行比较，服装类商品可从做工、面料、厚薄、质地等方面来进行对比。图4-18所示为不同型号的侧吸油烟机的参数对比。

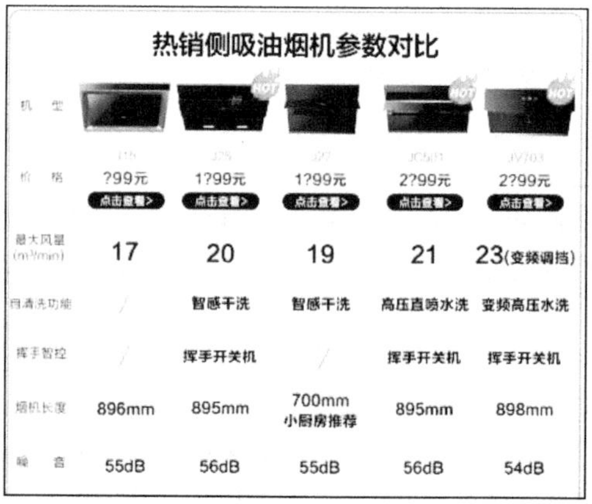

图 4-18   不同型号的侧吸油烟机的参数对比

7. 多次修改

成功的作品大都是被多次修改后完成的，世界上很多出名的著作也是如此。同样，一般经过多次斟酌、修改的电商文案多是好文案，网店商品详情页文案也是一样的，要不断进行修饰、精简。

4.1.4   商品详情页文案的写作要求

网店中几乎所有的商品详情页都采用图文搭配的方式，总的来说，商品详情页文案写作需要注意满足以下几个要求。

1.统一文案风格

商品详情页中需要进行文字描述的地方不止一处，电商文案创作者在进行描述时要先统一文案的风格，不能前面使用轻快幽默的表述方式，后面又使用严肃沉闷的表述方式，这样做会降低消费者的阅读兴趣。商品详情页文案的写作与一般文章的写作相似，只要保证文案风格统一、用语通俗易懂，能够表达商品的特点即可。

2. 使用个性化的语言

尽管网店的数量非常多，然而很多网店的商品详情页文案千篇一律，没有自己的特色和亮点。电商文案创作者如果能独树一帜，创造独特的语言描述风格，不仅会吸引消费者，还能引领文案潮流，成为真正的赢家。

3. 营造良好的氛围

即使销售的商品不是高端商品，电商文案创作者也应当在页面氛围的营造上多花心思，尽可能地把商品本身的特点充分体现出来。商品详情页文案要充分展现商品的氛围，让消费者感受到舒适、温暖的气氛，这是商品详情页的关键所在。电商文案创作者要让消费者在看到商品详情页时就产生购买的欲望。对于节假日而言，商品详情页文案最重要的是要营造节日气氛，一定要让温馨直达消费者内心，要突出节日氛围。

图 4-19 所示为突出春节的氛围。这个商品详情页让消费者了解到店铺正在促销，在商品详情页中添加具体的优惠信息给整个店铺营造了一种火热的促销氛围。

图 4-19   突出春节的氛围

4. 从消费者的视角撰写

文案创作者在确定了商品所针对的消费者群体后，就要迎合消费者的眼光，在商品详情页文案写作中使用消费者认同的语气、消费者喜好的颜色、消费者崇拜的模特、消费者追求的商品等。电商文案创作者与消费者的距离越近，就越能撰写出成功的商品详情页文案。

图 4-20 所示为从消费者的视角撰写的童装商品详情页。童装销售的主要目标群体是小孩的母亲，所以设计的重点在于先考虑母亲希望给孩子穿什么样的衣服，再确定设计理念。要让商品详情页激起母亲对儿时的怀念，商家不仅要让商品被母亲所认同，还要为其搭建一个共有的空间。因此，电商文案创作者在商品介绍和文字描述中可使用儿童的语气。

图 4-20   从消费者的视角撰写的童装商品详情页

4.1.5   商品详情页文案的写作技巧

要打造一个优秀的商品详情页文案，电商文案创作者需要掌握一定的写作技巧。

1. 体现商品的价值

商品价值分为商品的使用价值和非使用价值两种，电商文案创作者在写作商品详情页文案时，一定要既体现商品的使用价值，又体现商品的非使用价值。

（1）使用价值。它是商品的自然属性，是一切商品都具有的共同属性之一。任何物品要想成为商品都必须具有使用价值；反之，毫无使用价值的物品是不能成为商品的。

（2）非使用价值。它是指人们在知道某种资源的存在后，对其存在赋予的价值。很多电商文案创作者在商品详情页文案写作时只体现了商品的使用价值，而忽略了商品的非使用价值，从商品营销的角度来说这是不正确的。商品的非使用价值可以从商品的附加价值、消费者的身份和形象等方面进行挖掘。

2. 紧贴店铺定位

商品详情页文案写作一定要与消费者群体的需求相贴合，紧贴店铺定位，不断强调自己的优势与特色，才可能打动消费者。例如，某个服装网店定位为民族风服饰，电商文案创作者就可以抓住消费者对民族风的喜爱与向往，通过一些文艺词语和体现民族风情的语言来进行商品详情页文案的创作。例如，商品详情页文案主要体现自由与心灵的放飞，这与大多数都市白领的内心向往相契合，更容易获得良好的销售效果。

3. 抓紧目标消费者的痛点

电商文案创作者可以设身处地地从消费者的角度来寻找痛点，思考消费者必须买这款商品的理由，以消费者的痛点塑造店铺商品的卖点，加深消费者的认同感并提高他们的购买欲望。例如，母婴用品的痛点就是安全、天然和环保等，女性内衣的痛点则是身材走形和健康问题等。

图 4-21 所示为抓紧目标消费者的痛点，以消费者的痛点带出店铺商品的卖点，从而加深了消费者的认同感，刺激了他们的购买欲望。

图 4-21　抓紧目标消费者的痛点

4. 利用情感打动消费者

利用情感打动消费者就是通过故事来为商品添加附加价值，让消费者更容易接受。无论写作什么类型的商品详情页文案，只要能讲好故事，就能调动消费者的情绪，让他们在阅读的过程中受到潜移默化的影响，认同商品的价值，最后促成购买。

5. 给消费者购买推动力

当消费者已经对商品产生了兴趣，但还在犹豫不决的时候，电商文案创作者就需要通过商品详情页文案给他们一个推动力，让消费者尽快下单购买。电商文案创作者可以在商品详情页中设置"免费赠送""满就减""满就送""打折促销"等文字，这些文字容易诱导消费者购买商品，并且可以限定时间，让其尽快采取行动。

6. 遵循文案的逻辑顺序

优秀的商品详情页文案都有一定的逻辑，它主要围绕商品的主题来展开，对卖点进行细分，并从不同的角度切入。

4.2 商品品牌文案写作

为打响品牌知名度、抢占一定的市场份额、提高销售量、吸引新用户、维护老用户、培养更多忠实用户，品牌商家各出奇招，除了靠商品本身的质量取胜，还善于运用大量的营销手段。其中，商品品牌文案的写作尤为重要。

4.2.1 商品品牌文案认知

商品品牌文案是针对企业品牌文化写作的，是用于树立企业形象、推广企业品牌、促进商品销售的一种文案。

商品品牌文案其实是一种细化的文案类型，其主要功能是通过宣传企业的品牌来促进商品的销售。如果商品品牌文案内容不够出众，就无法达到宣传品牌的目的。商品品牌文案对于品牌树立在用户心目中的形象是至关重要的。

此外，商品品牌文案是展示企业品牌精神和品牌个性的载体，也是让用户对品牌产生信任的有效手段。优秀的商品品牌文案能让用户直接从文案内容中了解品牌定位、商品属性和用户类型。例如，安踏的品牌定位就是青春、健康、有活力，因此安踏的品牌文案都是围绕着这个定位展开的，而它的用户也是正值青春年华的、有活力的年轻用户群体。

商品品牌文案需要清晰地展现出品牌的风格，为用户塑造一个清晰的品牌形象，准确覆盖和把握用户的类型和心态变化，同时清楚表达商品的功能属性。图 4-22 所示为某商品的品牌文案，它清晰地为用户介绍了品牌的简介和发展历程，以谦卑而亲切的姿态向用户描绘该品牌的价值观。

图 4-22　某商品的品牌文案

4.2.2　商品品牌文案的写作流程

商家可以创作出属于自己的品牌故事，树立企业的品牌文化，从而获得更多的消费者关注，增加品牌曝光度和受欢迎程度。那么撰写品牌故事的流程是怎样的呢？

小提示

商品品牌文案偏向于一种思想的植入，其通过展示品牌的形象特点、品牌精神等带动品牌传播，让消费者了解品牌，因而是长期的、战略性的文案。

1. 收集整理

在撰写品牌故事之前，电商文案创作者需要对品牌本身进行深入的了解与分析，包括企业的发展历史、商品特点、消费者、竞争对手、行业信息、企业信息等情况，电商文案创作者需收集整理的品牌故事资料如表 4-1 所示。只有熟悉了企业品牌的相关信息后，电商文案创作者才能写出既符合品牌定位又能吸引消费者注意，并且有助于超越竞争对手的品牌故事。

表 4-1　电商文案创作者需收集整理的品牌故事资料

品牌相关信息	具体信息
企业的发展历史	企业创始人或企业领袖创办企业的动机、经历、精神；商品开发的历程；企业发展壮大的历史过程等
商品特点	商品的特征及卖点；产地、价格、颜色、型号、大小、用途、保质期、质地、材料、新工艺、新材料、独特包装等
消费者	消费者分析包括年龄、职业、收入、地域、教育水平、消费水平、购买心理、偏好、消费行为习惯；消费者的购买及使用情境，消费者对价格的敏感度及可能的喜好，什么会引起他们的关注和共鸣等
竞争对手	竞争对手的品牌、规模、战略、近期推广策略；与竞争对手相比的优势；消费者对竞争对手商品的评价
行业信息	行业的规模、结构、发展趋势；行业的技术特征；行业的主要目标消费者
企业信息	企业的组织管理架构；企业的战略目标；企业的生产运营情况、财务情况、人力资源储备情况等

2. 确定品牌主题

了解了品牌的相关信息后，电商文案创作者就要从上述信息中提炼出一个品牌核心宣传点，也就是确定品牌主题。品牌主题是指在品牌设计中对该品牌价值、内涵和预期形象做出的象征性约定，它来源于品牌历史、品牌资源、品牌个性、品牌价值观和品牌愿景等背景中，包括基本主题和辅助主题，通常透过品牌名称、标志、概念和广告等进行表达传递。

在确定品牌主题时，电商文案创作者可以从品牌的吸引点、冲突点、承诺点等与其他品牌有区别的地方入手，梳理出品牌故事的故事主线及主要情节，将品牌故事的情节同与品牌相关的时代背景、文化内涵、社会心理、经营变革等内容结合起来思考，以备撰写正文时使用。

3. 撰写初稿

电商文案创作者在完成上述两项准备工作后，就可以进入品牌故事初稿撰写的工作了。所谓品牌故事，就是对品牌定位、品牌历史、品牌理念的戏剧化表达。传播品牌故事，能够让消费者形成对品牌的正确认知。例如，海尔通过张瑞敏砸冰箱的品牌故事，在消费者心目中树立了一个产品质量高的形象。

品牌故事根据写作方法不同，可分为定位型品牌故事、故事型品牌故事、理念型品牌故事、内容型品牌故事 4 类。

（1）定位型品牌故事重点在于表现品牌带给消费者的差异化价值。

（2）故事型品牌故事常常从品牌历史、产品来历、创始人等角度，按照写故事的方式来展示品牌来历和情怀。

（3）理念型品牌故事一般适用于在某些产品层面极难形成差异化时，通过独特的品牌理念来实现差异化。

（4）内容型品牌故事通过创作消费者感兴趣的文案内容来传递品牌的定位及理念。

商家通过品牌故事进行品牌推广时，一定要想办法将品牌的理念和品牌的各种内在因素表达出来，这样消费者才可以完整地了解品牌的信息。品牌故事的撰写角度也并不单一，电商文案创作者通常要根据品牌需要呈现的传播效果来确定品牌故事的写作角度。一般来说，电商文案创作者可以从企业的角度、消费者的角度、产品的角度等进行阐述，从不同角度讲述的品牌故事虽然立场不同，但都可以起到震撼消费者心灵的效果。图4-23 所示为从企业角度撰写的品牌故事。

图4-23　从企业角度撰写的品牌故事

品牌故事的内容要包含写作的6项基本构成要素，即时间、地点、人物、事件、原因和结果，而品牌故事的写作架构也通常包括标题、开篇导语、正文核心段、结尾点题段等。在撰写正文时，电商文案创作者可以适当设置一些悬念及伏笔，然后通过生动的文字讲述品牌故事，从而引起消费者的情感共鸣，并最终实现销售目的。

4. 修改稿件

完成品牌故事的初稿以后，电商文案创作者需要对初稿进行整体的阅读浏览，修改稿件中的错误，保证没有错别字、错误的语法、不通顺的语句等。

此外，电商文案创作者还可以在这个阶段进行小范围的消费者测试，收集消费者的阅读意见，询问他们记住了哪些品牌信息，被哪些内容所打动，是否记住了这个品牌等。

5. 定稿发布

修改完品牌故事后，电商文案创作者再对品牌故事的配图进行设计排版，这样就确定了最终的稿件。电商文案创作者接下来要做的就是找到合适的发布时机及发布平台，进行品牌故事的传播推广。

4.2.3 商品品牌文案的写作要素

文案创作者在商品详情页中添加商品品牌故事，可以提高消费者对商品的信任度，增加消费者对商品的购买信心。同时，品牌故事的诠释和传播又可以拉近消费者与品牌之间的距离，增进消费者对品牌的感情和忠诚度。品牌故事是电商文案创作者撰写商品详情页文案时必不可少的一部分内容。

商品品牌文案故事一般包括背景、主题、细节、结果和点评5个要素，电商文案创作者利用文字将这些要素生动地描写并刻画出来，是写作品牌故事的关键。

1. 背景

故事背景是指故事发生的相关情况，包括什么时候发生的，在哪里发生的，有哪些主要人物，故事发生的原因是什么，即故事发生的时间、地点、人物、事情的起因。

2. 主题

主题是指故事内容的主体和核心，是品牌对现实生活的认识、对某种理想的追求或对某种现象的观点，通俗地说就是品牌要表达或表现的内容。找准品牌核心价值观，电商文案创作者就能确立品牌的主题，它或许只需要一两个字就能概括。

图4-24所示为德芙品牌背后的故事主题。有人跑遍整座城市，只为给心爱的女孩买德芙巧克力，是德芙巧克力的味道吸引了他吗？不是，是德芙"只爱一人"的爱情信仰。当恋人们送出德芙巧克力时，就意味着送出了那轻声的爱意之间"DO YOU LOVE ME"。那也是德芙创始人在提醒天下有情人，如果你爱她（他），及时让爱的人知道，并记得深深地去爱，不要放弃。

图4-24 德芙品牌背后的故事主题

3. 细节

细节就是对生活中细微而又具体的典型情节加以生动细致地描绘。它能够使故事情节更加生动、形象和真实。细节一般是电商文案创作者精心设置和安排的，是不可随意取代的部分。恰到好处的细节描写能够起到烘托环境气氛、刻画人物性格和揭示主题的作用。

4. 结果

故事有起因当然就有结果，告诉消费者故事的结果能够加深他们对故事的了解和体会，有利于故事在消费者心中留下印象。

5. 点评

电商文案创作者可对故事所讲述的内容和反映的主题发表一定的看法和分析，以进一步揭示故事的意义和价值。当然，电商文案创作者要尽量以故事内容来就事论事、有感而发，引起消费者的共鸣和思考。

4.2.4 商品品牌文案的写作技巧

优秀的商品品牌文案能够赋予品牌特殊的情感，加深消费者对品牌的认知与理解，传递品牌理念和商品诉求。下面介绍商品品牌文案撰写方面的一些技巧。

> **知识点提问**
>
> 商品品牌文案的写作技巧有哪些？

1. 选择语境

语境即语言环境。狭义的语言环境主要指语言活动所需的时间、地点等因素，也包括前言后语和上下文，是语言活动的现场。广义的语言环境则是指社会的性质和特点。

> **小提示**
>
> 如今很多品牌文案越来越懂得贴合年轻人的语境。电商文案创作者在进行品牌故事写作的过程中，尽量不要使用单一的语言环境，而是要对故事的发生、发展进行多种可能性的描述，选择贴近年轻人的语境，增强故事的可读性。

2. 引发独特的思考

不同的故事可以引发受众不同的思考，不同的受众阅读同一个故事时产生的思考也不同。从一定意义上来说，故事能够带给人们怎样的思考也是决定其质量高低的重要方面。因此，电商文案创作者在写作品牌故事时要充分开拓自己的思路，思考这个品牌故事能带给受众怎样的思考体验。图4-25所示为褚时健的创业故事，它告诉人们在逆境中也不要放弃奋斗的人生精神，十分励志。

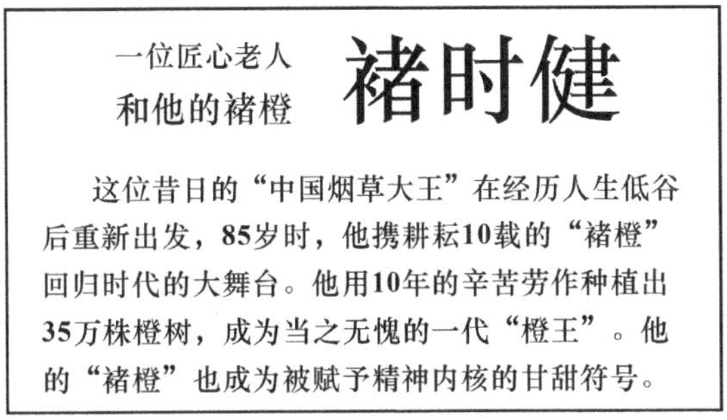

一位匠心老人
和他的褚橙
褚时健
这位昔日的“中国烟草大王”在经历人生低谷后重新出发，85岁时，他携耕耘10载的“褚橙”回归时代的大舞台。他用10年的辛苦劳作种植出35万株橙树，成为当之无愧的一代“橙王”。他的“褚橙”也成为被赋予精神内核的甘甜符号。

图4-25　褚时健的创业故事

3. 文案接地气

在新的市场营销环境下，品牌与消费者的关系已经发生改变，一味走高格调风格的传播内容已不再适用。品牌文案需要接地气，这样才能引起消费者的情感共鸣；接地气的品牌文案更容易受到消费者的青睐，更易于传播。

有传播力的品牌文案往往是通俗易懂、接地气的，就像“怕上火，喝王老吉”“今年过节不收礼，收礼只收脑白金”一样，不是晦涩难懂的，而是消费者能轻松接受的信息。

江小白的品牌文案没有太华丽的辞藻，却容易让人产生共鸣，就是因为它洞察到了青年人的各种情绪，非常接地气，图4-26所示为接地气的江小白文案。

比如，当你孤独失意时，江小白写道：一个人喝酒不是孤独，喝了酒想一个人较孤独。

当你感情受挫时，江小白写道：早知今日，思念如潮涌般袭来；何必当初，我假装潇洒离开。

当你想念一个人时，江小白写道：千言万语的想念抵不过一次见面。

江小白
千言万语的
想念
抵不过
一次见面
江小白
千言万语的
想念
抵不过
一次见面

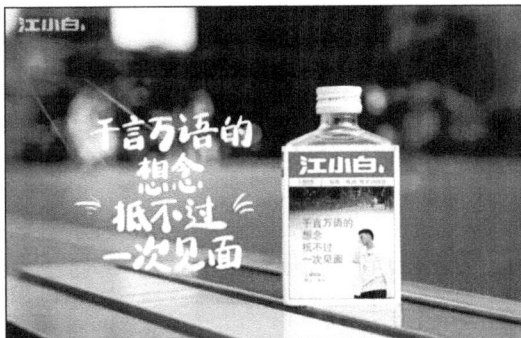

图4-26　接地气的江小白文案

4. 从两个角度撰写

电商文案创作者可以从理性表达和感性推动两个角度来撰写品牌文案。

理性表达是要以消费者的思维模式思考，思考消费者关注的信息是什么。

感性推动是要通过有温度的文字来感染消费者，从而得到消费者的认可。在竞争激烈的市场环境中，文案列出再多的优势也不如讲一个生动的品牌故事，再多的卖点也不如结合消费者的痛点进行场景化渲染。感性上的触动，才有利于拉近消费者与品牌的距离。

5. 形象简洁有力

好的品牌文案简洁有力，信息传达形象、准确而直白。梅赛德斯-奔驰的很多品牌文案没有多余的描述，只用一句话就能把产品写得很有诱惑力。

6. 增强可读性

可读性是指品牌故事内容吸引人的程度，以及品牌故事所具有的阅读和欣赏价值。如何将品牌故事写得生动有趣、引起消费者的共鸣，这是大部分品牌都在思考的问题。增强品牌故事的可读性可从以下几点进行考虑。

（1）故事的新颖度。新颖的品牌故事能够让人眼前一亮，给人一种醒目的感觉。品牌故事不落俗套、充满创意，不仅能让自己的品牌文案从众多同类型的品牌文案中脱颖而出，还能加深消费者对品牌的印象。

（2）情感的丰富性。品牌故事是否丰满，人物形象是否立体，矛盾是否激烈，情感叙述是否深入人心等，是品牌文案能否打动消费者的关键。

（3）揣摩消费者心理。要想品牌故事引起消费者的兴趣，电商文案创作者就要学会揣摩消费者的心理，猜测他们想听的故事是什么。艺术源于生活，同样，故事也是源于生活的，但又要高于生活。所以，故事型文案要脱胎于生活，但又要有一些对生活的洞察点，从而很好地激发消费者的兴趣。

（4）发挥品牌故事的诱惑力。发挥品牌故事诱惑力的方式主要有两种：一种是直接告诉消费者品牌的功能和利益，另一种是让消费者通过品牌故事对品牌产生情感。

（5）提高品牌故事的分享魅力。吸引阅读和引发分享是两件不同的事情，在互联网传播时代，只是做到吸引阅读还远远不够，如果品牌故事能被广泛传播，那么就会对品牌传播起到事半功倍的效用。电商文案创作者在撰写品牌文案时，要努力提高品牌故事的可分享性，这也是常用的电商品牌故事撰写技巧之一。

4.3 商品海报文案写作

海报是店铺里具有冲击力的宣传工具，能将商家和消费者直接联系在一起。海报通过文字、图片和视频等元素传递给消费者重要的商品信息，提高消费者对商品的认知，从而激发他们的购买欲望。

4.3.1 海报文案的常见类型

海报按其应用不同，大致可以分为商业海报、文化海报、电影海报和公益海报等，这些不同类型的海报也对应不同的海报文案。

1. 商业海报

商业海报是指宣传商品或商业服务的商业广告性海报。商业海报文案的设计要恰当地配合商品的格调和受众对象，并根据企业的商业诉求来为企业的商业目标服务。电商海报就包含在商业海报的范围内。

2. 文化海报

文化海报是指各种社会文娱活动及各类展览等的宣传海报。文娱活动包括各种演出和体育运动等，为这些活动制作的海报包含在文化海报范围内。展览的种类有很多，不同的展览都有其各自的特点。电商文案创作者只有了解展览和活动的内容，才能运用恰当的方法设计文化海报的内容和风格。

3. 电影海报

电影海报主要起到吸引观众注意力、提高电影票房收入的作用，与文化海报等有几分类似。

4. 公益海报

公益海报带有一定思想性，这类海报具有对公众的特定的教育意义。其海报主题包括对各种社会公益、道德的宣传，或对政治思想的宣传，目的在于弘扬爱心奉献，提倡共同进步的精神等。

4.3.2 商品海报文案的构成要素

电商商家对于商品海报的基本要求是"图片+文字"。二者相辅相成，图片会使商品海报更加美观，可以吸引消费者的注意力；文字则用来表现或突出主题，能传递商品的重要卖点。

商品海报文案的
构成要素

商品海报文案中的组成部分包括主标题、副标题、附加内容，有的海报中还会添加商品卖点或促销信息。一张优秀的商品海报少不了一个出色的主标题。消费者最先看到的就是主标题，如果主标题不能第一时间吸引消费者的注意力，消费者就会失去继续访问页面的意愿，从而离开页面。因此，电商文案创作者在撰写商品海报文案时，写出一个非常吸引人的主标题就显得非常重要。

图4-27所示为商品海报文案，文案包括主标题、副标题、商品卖点、促销信息。主标题是"北欧风多功能小电锅"，副标题是"1.5L便利多功能锅"，商品卖点是"煮涮蒸煎炒炖""双挡火力调节"，促销信息是"到手价低至：109元"。

图4-27　商品海报文案

4.3.3 商品海报文案的写作技巧

消费者之所以看电商的商品海报文案，是因为该文案有价值，触及他们最关心的问题。下面介绍商品海报文案的一些写作技巧。

1. 直接展示

直接展示是一种常用的商品海报文案的写作技巧。它是将某个商品或主题直接明了地展示出来。海报中的主图文案一定要一目了然，要细致刻画并着力渲染商品的质感、形态和功能用途，呈现商品精美的质地，给消费者以逼真的感觉，使其对海报所宣传的商品产生一种亲切感和信任感，让消费者看了后能立刻产生点击购买的欲望。

图4-28所示为直接展示商品的文案，该文案使用直接展示的方法将商品展示在消费者面前，重点突出"合上是沙发，占地少"这一卖点，并将商品置于装修好的房间中，运用自然背景进行烘托，增强了商品海报画面的视觉冲击力，从而使消费者对商品产生信任感。

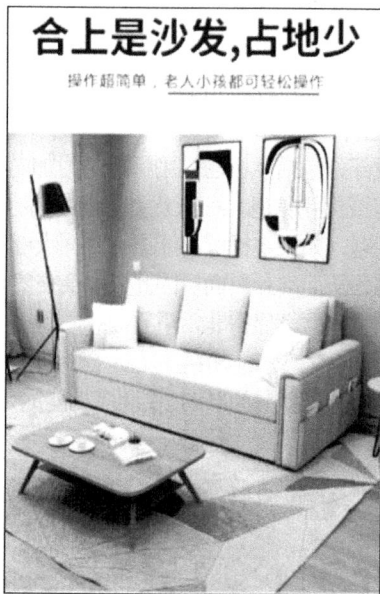

图4-28　直接展示商品的文案

2. 做出好创意

颇具创意的文案总能脱颖而出，让人耳目一新。好的文案不能仅仅写两句看似优惠力度大的话语，也不能王婆卖瓜地夸赞自己的商品，而是应该让消费者被好创意打动，认为就应该购买该商品。

3. 合理夸张

夸张这种方式是指对电商文案中所宣传的商品品质或特性在某个方面进行明显夸大，以加深消费者对这些品质或特性的认识。采用这种手法不仅能更鲜明地强调或揭示商品的实质，还能使商品海报文案产生一定的艺术效果。夸张手法的运用，可以为商品海报文案的艺术美注入浓郁的感情色彩，使商品的特征更加鲜明、突出和动人。

4. 突出特点

要想使店铺的商品在同行业众多相似的商品中脱颖而出，电商文案创作者在创作商品海报文案时，就需要抓住和强调商品或主题本身与众不同的特征，并把它鲜明地表现出来。电商文案创作者可以将这些特征放在海报页面的重要位置，或对其加以烘托处理，使消费者能立即感知这些特征并引起消费兴趣，达到刺激购买欲望的促销目的。

图 4-29 所示为突出特点的文案，该文案突出渲染了沙发的各组成部分的材质，突出了商品与众不同的特点。

5. 幽默诙谐

幽默诙谐是指运用饶有风趣的语言，借助巧妙的安排，营造出一种充满情趣、引人发笑而又耐人寻味的幽默意境，进而引申出需要宣传的商品和品牌。幽默的矛盾冲突以别具一格的方式，可以达到意料之外、情理之中的艺术效果，从而发挥商品海报文案的作用。

6. 对比衬托

对比是一种在处理艺术冲突中经常采用的突出的表现手法。这里的对比不是文案文字的对比，而是将商品海报文案中所描绘商品的性质和特点放在鲜明对照和直接对比中进行表现，借助对比呈现出差别。商品海报文案通过这种手法，可以更鲜明地强调或揭示商品的性能和特点，带给消费者深刻的视觉感受。图 4-30 所示为利用对比衬托出商品的优势。

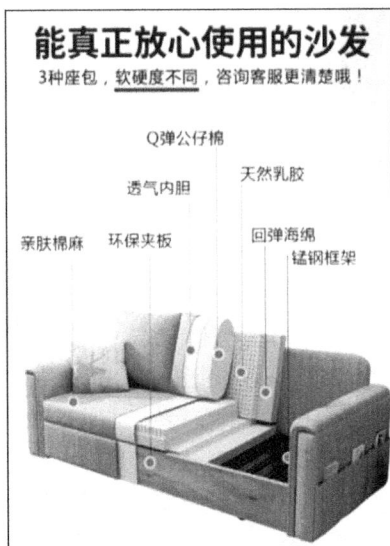

图 4-29　突出特点的文案

图 4-30　利用对比衬托出商品的优势

7. 以情托物

海报是图像与文字的完美结合，消费者观看海报的过程，就是与海报不断交流感情、产生共鸣的过程。商品海报文案可以借用美好的感情来烘托主题，电商文案创作者真实而生动地反映这种审美感情就能获得以情动人的效果，发挥艺术的感染力量，达到销售商品的目的。

图 4-31 所示为以情托物的海报文案。该海报以"给妈妈选一件好羽绒服""与'爱'温暖行""为爱用心，给妈妈一个温暖的冬季"作为文案，运用母子之情来衬托商品，在感动消费者的同时提示消费者购买商品来报答母亲的养育之恩。

图 4-31　以情托物的海报文案

4.3.4　促销海报文案的写作技巧

促销海报文案是商家为了促进商品的销售，在特定的时间范围内，利用打折、优惠等营销手段制作的海报文案，它可以说是一种非常特殊且功能性很强的海报文案。在促销活动期间，促销海报文案的撰写对提高商品的转化率起着重要的作用。电商文案创作者如何写好促销海报文案，将促销期间的时间优势充分发挥出来呢？这就需要掌握促销海报文案的写作技巧。

促销海报文案的
写作技巧

> **✒ 知识点提问**
>
> 促销海报文案的写作技巧有哪些？

1. 善于利用活动促销期

许多商家的商品在促销期间的销量是平常销量的几倍，因此不少电商品牌非常重视各类促销活动。对于电商企业来说，开展促销活动是打响品牌和提高销量的重要方法之一。电商企业在策划促销海报文案时，要重点突出活动的核心内容。

2. 不同人群制定不同文案

随着消费者的个性化越来越强，电商文案创作者在进行促销宣传时，也要尽量根据不同的消费群体制定相应的文案策划，以加深消费者的印象，使消费者产生好感。促销海报文案撰写时的语言风格也要尽量符合消费群体的用语习惯。语言恰当可以拉近商家与消费群体的距离，也能凸显促销氛围，易于被消费群体接受和认知。

如果消费群体以老年人为主，促销海报文案应多以晚辈的口吻来表达，表达要通俗易懂。

如果是少儿群体，促销海报文案应多以活泼可爱、充满童趣的语言来表达。

如果是年轻时尚群体，促销海报文案应多以网络语言、幽默诙谐的语言来表达。

3. 限时打折

限时打折利用许多人都图优惠、便宜的心理，精心设计有限定条件的电商文案，使消费者觉得不立即抢购就会吃亏。例如，"3日之内，本商品4折出售，欲购者从速""优惠截至今日24时"等都属于限时打折。图4-32所示为限时打折文案，该文案通过"全场3折起""震撼清仓，疯狂淘宝""疯狂时间：3月11日~4月14日"，吸引了众多消费者抢购。

图4-32 限时打折文案

限时打折是一种非常有效的促销手段。但如果不能系统地把握其中的诀窍，不仅不能取得很好的效果，反而可能会弄巧成拙。

4. 满额送促销

"满额送"这种活动是生活中各大商场和店铺常见的促销方式。如今，这种促销方式也被应用到电商网店中，对消费者同样有着巨大的吸引力。满额送把商品作为礼物赠送给消费者，以实物的方式给消费者提供非价格上的优惠。

店铺不打折，消费者可能会觉得商品贵；直接打折虽然可以让消费者少花钱，但是商家却因此损失了利润。因此，如果不是直接打折，而是采用满额送的方式使消费者产生类似直接打折的感觉，就可以促使消费者多消费、多下单，以达到促销的效果。图4-33所示为满额送促销，商家根据消费者不同的消费额度赠送不同的礼品，刺激消费者下单购买。

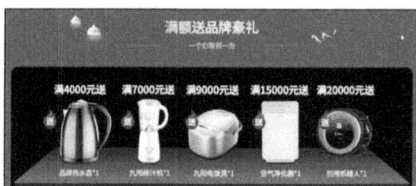

图 4-33　满额送促销

5. 包邮促销

包邮促销是电商平台非常火爆的促销方式之一。因为快递费用会导致购买价格上升，所以消费者对可以免除邮资购物非常开心，包邮促销在很大程度上刺激了消费者的购买欲望。但包邮促销也有它的灵活之处，商家只有灵活运用包邮促销，才能发挥其最佳效果。图 4-34 所示为包邮促销文案。

图 4-34　包邮促销文案

6. 店铺优惠券

店铺优惠券是指商家设定的全店商品都可使用的优惠券。店铺优惠券是一种虚拟的电子现金券，是商家在开通营销套餐后获得的一个超强促销工具。商家可以在不用充值现金的前提下，针对新消费者或不同等级的会员发放不同面额的店铺优惠券。消费者在购买商品时，可以使用获得的店铺优惠券抵扣现金。因为店铺优惠券是由商家赠送给本店消费者的，所以消费者只能在商家的店铺内使用。

店铺优惠券具有很大的灵活度和选择空间，完全由商家定义其面额、发放对象及数量。店铺优惠券可以帮助店铺引流，从而提高商品成交量，使商家获取更多的利润。图 4-35 所示为店铺优惠券文案。

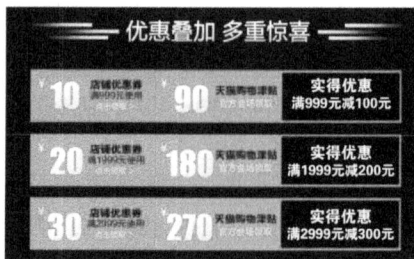

图 4-35　店铺优惠券文案

7. 阶梯价格

阶梯价格式的促销是一种比较"冒险"的促销方式，但是容易抓住消费者的心理。对于电商来说，吸引尽可能多的消费者才是关键，这种促销方式正好可以吸引一定数量的消费者。

8. 抽奖促销

在抽奖促销活动中，消费者通常只要参加了专题活动就可以参加抽奖。商家也可以设定消费金额，达到标准的消费者才可以抽奖。大型电商网站节假日会举办抽奖活动，中小型网站或网店可以通过赠送礼品的方式辅助参与抽奖。

图4-36所示为抽奖促销文案。该活动设置了6个奖项，特等奖为华为手机，最低的是五等奖，且规则设定为让消费者百分之百中奖，迎合了消费者的"彩头"心理。同时，实实在在的实惠也让消费者得到了物质上的满足。

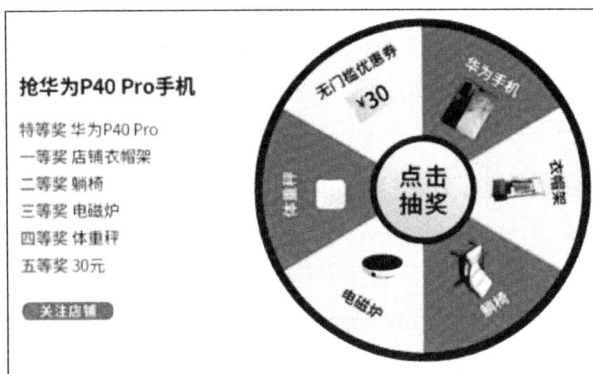

图4-36　抽奖促销文案

9. 满就减

"满就减"通常指购满一定的数额就减少付款金额，如满200元减20元，即消费者的消费金额只要达到优惠条件，就能少支付一定的金额，相当于满额送的另外一种方式。图4-37所示为满就减促销文案，商家通过"每满200元减20元"的活动来吸引消费者购买。

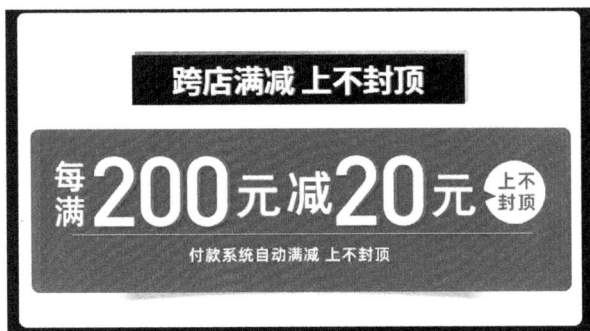

图4-37　满就减促销文案

任务实训——撰写女包商品详情页文案

实训目标

为了帮助读者掌握商品详情页文案的策划与写作，下面搭建一个女包商品详情页的框架为实训内容进行巩固练习。

实训内容

撰写女包商品详情页文案，具体要求如下。

（1）掌握商品详情页的组成模块和逻辑顺序。

（2）掌握商品促销宣传内容的编写。

（3）掌握挖掘商品基本属性与卖点的方法，通过 FAB 法则或九宫格思考法提炼商品的卖点。

（4）掌握商品清单、商品功能、细节、尺寸等主要属性文案的编写。

（5）掌握商品品牌文案的写作，可以从品牌的创建时间、品牌文化等入手。

实训练习

策划并写作商品促销宣传文案、商品情景展示文案、商品卖点文案、商品基本属性文案、商品品牌文案。

实训分析

在写作商品详情页文案前，电商文案创作者需要按照商品详情页的组成模块，确定好商品详情页的主要内容，主要包括促销宣传广告、商品情景展示、商品实拍、商品卖点、商品属性（细节、尺寸等）、包装图示、品质保障、免责说明等内容。然后，电商文案创作者按照该思路选择与目标用户群体需求相贴合的文案风格进行写作。消费者在购物时可能会对想购买的商品怀有某种憧憬，电商文案创作者在商品详情页文案中把消费者的憧憬、幻想、渴望表达出来，就能达到一定的推广目的。

知识巩固与技能训练

一、填空题

1. 在_____中，商家可以通过文字、图片、视频等各种不同的文案形式来展示商品信息。

2. 一个完整的商品应该包括_____、_____、_____三个层次。

3. 商品的_____包括品牌、包装、规格、型号、质量、尺寸、产地等。

4. 商品价值分为商品的_____和_____两种。

5. _____是针对企业品牌文化写作的，是用于树立企业形象、推广企业品牌、促进商品销售的一种文案。

电子商务文案策划与写作：理论、案例与实训（微课版）

二、选择题

1. （   ）即商品的使用价值。

A. 核心商品　　　　　　　　B. 形式商品　　　　　　　　C. 延伸商品

2. （   ）指的是店铺销量比较好的商品，这类商品的详情页文案需要突出商品的热销盛况及强调商品的优势。

A. 新品　　　　　　　　　　B. 热卖单品　　　　　　　　C. 促销商品

3. （   ）是商品的自然属性，是一切商品都具有的共同属性之一。

A. 非使用价值　　　　　　　B. 商品价值　　　　　　　　C. 使用价值

4. （   ）品牌故事常常从品牌历史、产品来历、创始人等角度，按照写故事的方式来展示品牌来历和情怀。

A. 定位型　　　　　　　　　B. 故事型　　　　　　　　　C. 理念型

三、简答题

1. 新品详情页文案的创作思路是怎样的?
2. 商品详情页中的图片应该遵循的原则有哪些?
3. 商品详情页文案的写作要求是怎样的?
4. 商品品牌文案的写作要素有哪些?
5. 提升品牌故事的可读性可从哪几点进行考虑?

四、技能实践题

练习撰写品牌故事（见表4-2）。

表4-2　撰写品牌故事

步骤	概述	详细操作步骤
第一步	收集整理	在撰写品牌故事之前，电商文案创作者需要对品牌本身进行深入的了解与分析，包括企业的发展历史、商品特点、消费者、竞争对手、行业信息、企业信息等情况
第二步	确定品牌主题	电商文案创作者可以从品牌的吸引点、冲突点、承诺点等与其他品牌有区别的地方入手
第三步	撰写初稿	一般来说，电商文案创作者可以从企业的角度、消费者的角度、产品的角度等进行阐述
第四步	修改稿件	完成品牌故事的初稿以后，电商文案创作者需要对初稿进行整体的阅读浏览，修改稿件中的错误，保证没有错别字、错误的语法、不通顺的语句等
第五步	定稿发布	修改完品牌故事后，电商文案创作者再对品牌故事的配图进行设计排版，这样就确定了最终的稿件

第5章 微信营销文案的策划与写作

　　如今，微信和人们的日常生活产生了紧密联系，具有强黏度的圈子特点和较大的社会影响力。对于商家来说，微信不仅是与消费者沟通交流的工具，还是营销的平台，商家可以从中挖掘出巨大的营销价值，进而实现事业上的成功。本章主要介绍微信营销文案概述、微信营销文案写作、微信朋友圈文案写作、微信公众号文案写作。

【任务目标】

- 熟悉微信营销文案的定义和表现形式。
- 掌握微信营销文案写作的方法和要求。
- 掌握微信朋友圈文案写作的方法。
- 掌握微信公众号文案写作的方法。

案例链接

家装公司通过微信公众号营销

　　一部小手机蕴藏大文章，方便、快捷、及时等多重优点使得微信营销成了企业间非常重要的营销手段。

　　微信营销正呈现爆发式的增长。现在很多企业创建了自己的微信公众号，通过微信公众号进行营销推广。这不是跟风，而是移动互联网时代的必然趋势。随着微信公众平台功能的不断完善及技术的提升，微信公众号成为企业竞相角逐的营销新领地。

　　随着生活水平的不断提高，家居装修在消费者心目中的地位越来越高，这使得家装行业的竞争变得更加激烈。那么，家装品牌如何才能从众多同行中脱颖而出，扩大自己的影响力呢？这就需要企业有敏锐的市场洞察力，借助当下盛行的营销方式来营销推广。其中；微信营销就是一个不错的营销方式。

　　李晓阳运营了一个家装微信公众号，这个微信公众号向消费者提供家装建材方面的信息、市场动态，还与消费者展开交流互动，提供个性化的优惠服务。消费者可以通过关键词回复获取家装品牌信息，还可以参与"转盘抽奖""刮刮乐"等活动。这些营销活动扩大了该微信公众号的影响力，同时也提高了一些家装品牌的知名度。

　　有人认为微信营销的关键是增加微信粉丝数量，但文案也是非常重要的，企业进行微信营销应多重视文案的写作。微信营销文案可以为粉丝提供优质的内容，这些文案可以方便粉丝分享到朋友圈、微信群。如果微信营销文案的内容足够好，粉丝就会主动分享，从而进一步增加粉丝数量。通过口碑相传，企业的商品就宣传出去了，企业的知名度就有了，企业的营销也就到位了。

思考与讨论

1. 你遇到过哪些企业品牌通过微信营销?

2. 怎样才能写出好的微信营销文案?

5.1 微信营销文案概述

一条优秀的微信营销文案可以在朋友圈、微信公众号中获得关注者的点赞、评价和转发。下面介绍微信营销文案的定义与特点,以及微信营销文案的表现形式。

5.1.1 微信营销文案的定义与特点

微信营销文案是指利用文字、图片、视频等元素创作的,能够进一步引导消费者进行消费的文案。商家通过微信营销文案进行营销不仅可以降低营销成本,还能让消费者更深入地了解商品或服务,提高消费者的忠诚度。微信营销文案具有以下特点。

1. 形式多元化

微信已经从单线的聊天平台逐步转变为多元化平台,具备许多功能,如扫一扫、摇一摇、微信朋友圈、微信公众号、微信小程序等,还具备微信支付、微信理财、微粒贷借款、生活缴费、城市服务等功能。这一系列的功能足以说明微信是一个多元化的平台,微信的多元化影响着微信营销文案形式的多元化。

2. 传播效率高

微信营销文案的传播效率比较高,因为微信是一款即时通信工具,所以商家在朋友圈或公众号中发布信息,消费者可以在任何时间、任何地点查看。同时,微信营销文案能完整无误地发送到手机端,确保每位消费者都能看到商家推送的信息,从而实现百分之百的到达率。

3. 曝光率高

曝光率是衡量信息发布效果的重要指标。微信是一款即时通信工具,能随时提醒消费者已接收的新的未阅读的信息或推送的文案,因此微信营销文案的曝光率高。

4. 转化率高

直接发送广告对所有商家来说都是最容易的营销推广方式,但目前消费者对广告普遍存在一种排斥心理。商家如果直接发广告,很容易引起消费者的反感。而微信营销文案可以很好地解决这个问题,它可以通过图文并茂的描述或诙谐幽默的故事巧妙地引导消费者,让消费者自然地接受并主动寻求更多的内容,这大大提高了消费者的接受程度,提高了转化率。

5. 易于分享

消费者看到感兴趣的微信营销文案可能会主动分享到自己的朋友圈和微信群,特别是一些促销活动和打折信息。这样就形成了一传十、十传百的效果，形成了一个不断扩散且范围广泛的交流圈。

5.1.2 微信营销文案的表现形式

微信营销文案的表现形式包括朋友圈文案、公众号文案和 H5 营销文案等，下面进行具体介绍。

1. 朋友圈文案

朋友圈文案曾经是微信营销文案的主体或主要形式。商家通过朋友圈可以分享商品打折促销信息、趣味性的内容、个人感悟、专业知识等。图 5-1 所示为朋友圈文案。

图 5-1　朋友圈文案

微信朋友圈营销的重中之重就是"品牌商品的塑造"。品牌商品的专业展示是营销的基础，所以电商文案创作者可以每天发一条"专业知识"。要注意的细节是，尽量把内容做成"连续性"的，以吸引粉丝持续关注。

朋友圈文案要尽量短，如果字数太多，有些文字就会被隐藏。要想让消费者能完整地读完文案，理解文案的含义，最好让文案内容全部显示出来，因此80~110个字的文案较佳。

2. 公众号文案

微信公众号指企业或个人在微信公众平台上申请的应用账号，这个应用账号是和 QQ 账号互通的。公众号是目前微信营销的主战场，它主要包括订阅号和服务号。

公众号文案内容尽量不要使用过多的专业术语，每句话不要太长，以 20 个字以内为佳；如果文字太多，需要使用逗号或顿号隔开。此外，段落不能太长，每段 3~7 行为佳，且段落长短要有变化，不能让消费者感到乏味。图 5-2 所示为公众号文案，它及时有效地把最新的促销活动告知消费者，吸引消费者参与，降低了企业营销成本。

除此之外，当我们阅读微信公众号推送的图文消息时，文章结尾的左下角会出现"阅读原文"，阅读原文如图 5-3 所示。"阅读原文"非常重要，是给公众号吸引流量的工具，通过这个链接可以让消费者了解到企业更多的资讯和信息。当然，前提是公众号文案的内容必须吸引人，这样大家才会转发，才会有更多的新用户去添加。

为了醒目，"阅读原文"一般会用鲜艳的颜色标注。一定要保证自身文案的说服力与吸引力，让消费者在读完内容后有点击"阅读原文"的意愿，这样才能达到营销推广的目的。

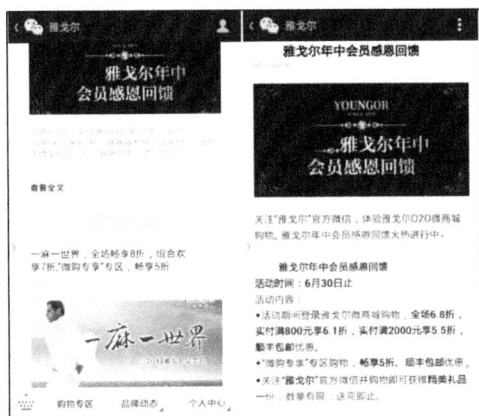

图 5-2　公众号文案

微信小程序官方开放了微信公众号文章可以添加小程序的功能，商家在微信公众号文章中可以增加小程序入口，图 5-4 所示为在微信公众号文章中增加小程序入口。很多微信公众号会在介绍商品时或在介绍商品之后给大家展示小程序，商家在其中可以添加更加详细的商品详情介绍。

3. H5 营销文案

H5 是 HTML5 的简称，是一种制作网页的计算机语言。H5 营销文案是微信营销文案中常用的一种表现形式。H5 营销文案支持在页面上融入文字特效、音频、视频、图片、互动调查等各种媒体表现方式，相比于普通的图文文案也显得更加灵活。企业运用 H5 的互动技术优势来展示商品特性，可以帮助消费者全方位地了解商品，甚至引导消费者产生购买行为。

图 5-3　阅读原文

图 5-4　在微信公众号文章中
增加小程序入口

　　企业做品牌营销、品牌推广活动等最终的目标都是提高企业的知名度，增加商品的销量。一个完整的微信 H5 营销文案由文字、图片和视频三个基本元素组成，文案表现形式活泼多样，视觉冲击效果突出，受众的动手操作性也更强，能更好地刺激并打动受众，有助于文案被广泛转发与分享。H5 营销文案如图 5-5 所示。

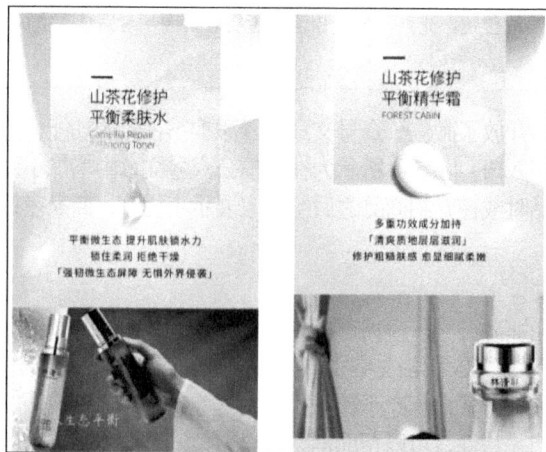

图 5-5　H5 营销文案

电子商务文案策划与写作：理论、案例与实训（微课版）

5.2 微信营销文案写作

对于商家来说，创作微信营销文案的意义就是通过文案把商品推广和销售出去，所以一份具有说服力的微信营销文案是微信营销的关键。下面介绍微信营销文案的写作方法、写作要求、排版。

5.2.1 微信营销文案的写作方法

微信营销文案的写作常用的方法有以下几种，分别是核心观点罗列法、各个击破法、倒金字塔法、故事引导法等。

微信营销文案的
写作方法

知识点提问

请说下你采用过哪些方法撰写微信营销文案。

1. 核心观点罗列法

核心观点罗列法即先将核心观点单独列出来，再从能够体现观点的方方面面来进行扩展讲述，这样可以使微信营销文案始终围绕一个中心来表述，不会出现偏题或杂乱无章的问题，还会加强微信营销文案对消费者的引导。

2. 各个击破法

各个击破法是根据需要推广的内容，将商品或服务的特点单独进行介绍。写作过程中电商文案创作者要注意文字与图片相配合，对商品或服务的卖点进行充分介绍，利用详细的说明和亮眼的词语吸引消费者的注意。

3. 倒金字塔法

倒金字塔法是微信营销文案写作中常用的一种方法，它是按先重要、后次要的顺序来撰写文案。写作微信营销文案时可以采用倒金字塔的写法，先将文案的精华浓缩在文案开头，再围绕开头的内容展开解释和说明，最后总结即可。

4. 故事引导法

故事引导法是通过讲述一个故事，让读者沉浸到故事情节中，跟着故事的发展阅读下去，在文案结尾再提出需要营销推广的对象。采用这种写作方法一定要保证故事有趣、情节合理，这样才能使故事有看点，方便推广对象的植入。图 5-6 所示为用故事引导法引入开头。

我来啦我来啦！本期与大家分享三款会越用越爱的▇▇新品哦！来自▇▇新品牌Evologie进化论，一开始我是被它的名字给吸引住了，仔细了解试用之后觉得它实在是太值得写一写了，今天咱们展开说说。

老规矩，先简单地介绍下品牌：Evologie进化论是业内人创业做的品牌，核心团队都是在化妆品行业▇了多年的▇▇，在研发、供应链、运营方面具有先天优势，比如研发方面请到了前爱茉莉太平洋▇▇▇社研究室所长坤博士，并拥有▇国▇▇▇▇生物实验室配方支持，核心原料也是采购自一线大厂，并且不添加香精、酒精、刺激防腐剂，也没太多的品牌溢价，产品都挺实惠的，大家可以留意下这个品……

我每次用不到半管就够涂全脸+脖子了，精华液很容易就能涂匀在脸上了，并且比起同类，它不拔干，自带一定滋润度，用的时候还挺省心的。

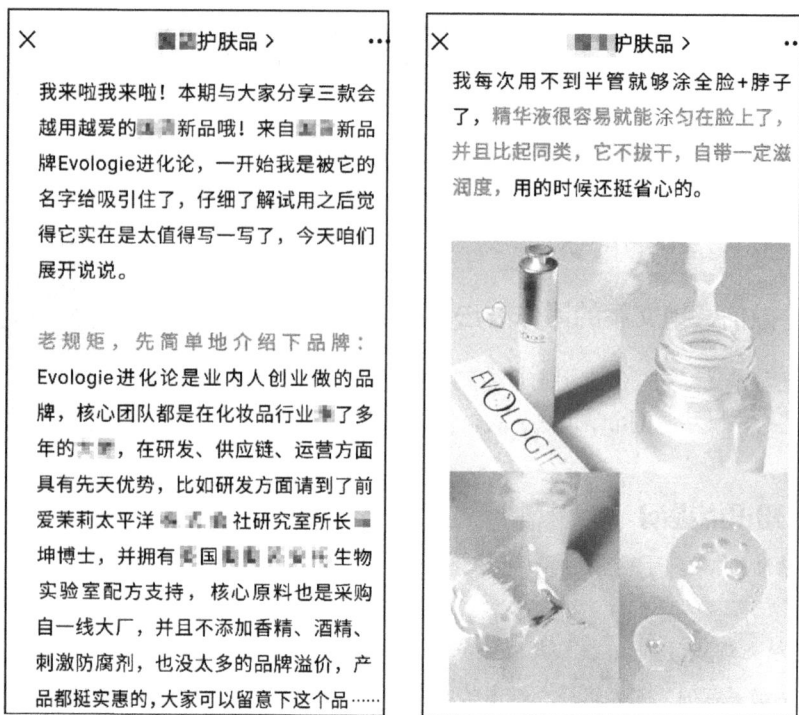

图 5-6 用故事引导法引入开头

5.2.2 微信营销文案的写作要求

微信作为人们常用的社交工具，在开始被移动电商用于营销服务以后，微信文案就具备了销售文案的特点。微信营销文案的写作要求如下。

1. 图文并茂

在现代营销文案中，传统的广告文案已经失去了优势，而有趣的、大家更容易接受的互联网图文广告更容易吸引消费者关注。图 5-7 所示为图文并茂的文案。

2. 精练易懂

微信的互动性、交流性比较强。为了快速传递信息、有效减少读写麻烦，微信营销文案往往使用短小精简的话语，从而达到快速沟通交流、有效传递信息的目的。文案如果篇幅太长、太过专业难懂，消费者就很难集中精力阅读。所以，微信营销文案一般都比较精练通俗，电商文案创作者要选择要点进行表达。

3. 个性特色

为了引起消费者的有效关注，有些电商文案创作者会使用特殊的语言或流行语来表达特定的含义，以朋友圈文案为代表的微信营销文案还有着极强的娱乐性和互动性。一些公众号为了吸引消费者阅读，还会使用幽默诙谐的语言，使文案更具有娱乐和玩笑的意味。许多方言、网络用语等也在微信营销文案中被广泛使用。

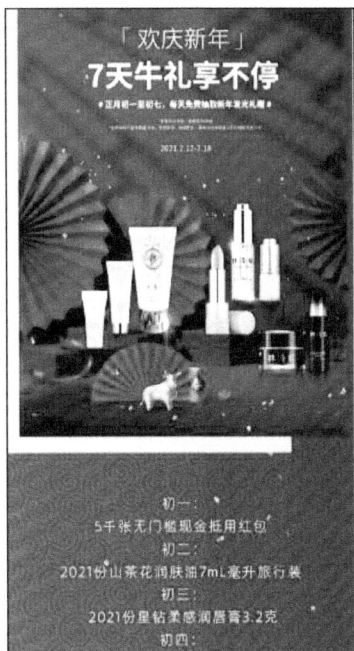

图 5-7　图文并茂的文案

4. 促销引导购买

电商文案创作者在微信营销文案中要添加明确的促销信息或购买引导，如"点击了解更多""9.9元限时加购""扫描下方二维码，立即下单""无门槛优惠券，限时特惠"等，有利于引导消费者购买，起到营销文案应有的作用。图 5-8 所示为促销引导购买文案。

图 5-8　促销引导购买文案

第5章　微信营销文案的策划与写作

5.2.3 微信营销文案的排版

排版对于微信营销文案来说非常重要，因为文案再出色，如果排版效果差，版面杂乱，则消费者可能选择放弃阅读。微信营销文案多分为文章式文案和图片式文案。其中，文案的篇幅字数为多少，在页面中位置的摆放，文字的大小、颜色、字体等，都会影响文案的整体感觉和视觉效果。下面就从这两个方面讲解其排版的要求。

1. 文章式文案

文章式文案的代表类型为微信文案等，如今的微信文案是以移动端为载体输出的，所以排版应注意以下 4 点。

（1）文案的篇幅字数：全文字数控制在 1200~1500 字，一个段落不超过手机一屏，可以多分段，最好 3~5 行为一段。

（2）字符设置：字号最好在 14~18px(数值越大，字体就越大)，16px 最合适；行间距控制在 1.5~1.75 倍为佳。

（3）正文排版：根据内容风格的不同，可以设计不同的正文排版，一般都是左对齐，个别追求文艺风的可以考虑居中排版。

（4）其他排版设计：合理搭配图片，一般是上文下图，适当插入视频；此外，可以用不同的字体、字号来突出文案的重点，以便与正文区分。由于消费者阅读微信营销文案的场景各不相同，有的在上下班路上，有的在赶飞机或火车时，有的在咖啡厅，因此必须突出文案中用于强调的文字，便于消费者第一时间找到重点，文字强调如图 5-9 所示。常用的文字强调方法包括加粗、变色、加文字框、加下画线、变样式等。

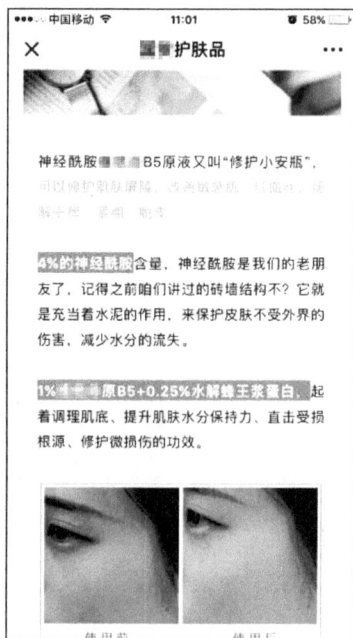

图 5-9　文字强调

2. 图片式文案

图片式文案受限于一张图片内，其排版应注意以下几点。

- 文案的字数：文案字数不宜过多，只要能够传达出情感要表达的内容即可，一般文字内容要求不超过整个页面的 1/2。
- 文字的大小：文字大小要均匀合理，但并不要求文字大小一样，只要文字的比例恰当，看起来和谐美观就好。我们可以用大号字体来突出强调重点内容，这样页面反而会显得主次均匀、主题突出。图 5-10 所示为图片式文案用大号字突出强调。
- 文字的颜色：文字与图片的颜色要有一定的差别，但不要太跳跃，不然容易显得突兀。比较好的搭配方式是尽量少用太鲜明亮眼的颜色。此外，若背景颜色或图片是深色的，文字就用浅色系；若背景颜色或图片是浅色的，文字则用深色系，这样图片就不会与文字混淆，也不会给消费者造成阅读障碍。

图 5-10　图片式文案用大号字突出强调

5.3 微信朋友圈文案写作

随着微信用户的增加和微信影响力的不断扩大，微信朋友圈营销成了常见的营销方式。商家在微信朋友圈进行营销，重要的是通过文案树立一个良好的形象，这样在推广商品、品牌与服务时也会更加方便。

电商文案创作者在微信朋友圈文案写作中可以通过分享新品及活动发布、分享真实的生活、发表自己的看法等，来展示一个真实又有趣的自己，从而获取潜在消费者的好感。

小提示

利用微信朋友圈文案进行营销之前一定要好好分析下面的问题。

（1）微信朋友圈有多少人？亲朋好友有多少？纯粉丝有多少？

（2）粉丝的来源渠道、性别及购买力如何？

（3）熟人和朋友中有多少人愿意转发推广？

（4）什么商品是热销商品？价格定位多少最容易卖出去？

（5）平时在微信朋友圈中的互动情况如何？

微信朋友圈文案写作需要注意以下要点。

1. 生活分享

电商文案创作者在为电商企业或品牌撰写微信朋友圈文案时，可以在朋友圈分享自己生活中的幸福时光和趣事，千万不要一味地植入自己的商品广告，天天刷屏。生活中的点滴创意和琐碎事情如果能够加以利用，在合适的时间发布到微信朋友圈，也能够引来关注，从而提高微信朋友圈的活跃度。图 5-11 所示为分享式微信朋友圈文案。图 5-12 所示为融合商品的微信朋友圈文案。

图 5-11 分享式微信朋友圈文案

图 5-12 融合商品的微信朋友圈文案

2. 采用饥饿营销

电商文案创作者采用饥饿营销，可以在微信朋友圈文案中以"商品抢购"的形式出现。例如，电商文案创作者在微信朋友圈文案中添加"限量限时"抢购以增加用户的参与度，也可以进行限时抢红包免费赠送活动，采用饥饿营销如图 5-13 所示。这些饥饿营销方法会影响微信朋友圈用户的消费心理，从而促使他们参与朋友圈互动。

图 5-13　采用饥饿营销

3. 引出讨论话题

微信朋友圈文案中可以先设计一个话题让大家讨论，引起目标消费者的兴趣。例如，护肤类商品的电商文案创作者在秋、冬季可以发一条朋友圈，设计一个话题：秋、冬季补水为什么会过敏？有了话题后，电商文案创作者一定要发动尽可能多的人参与讨论，只有目标消费者参与进来，才有可能成交。电商文案创作者可以提前设计好几条讨论的内容，引导更多的好友参与，并向自己需要的方向引导讨论。

讨论的话题要比较新奇，有一定的宣传力度与实用价值，要抓住热点或制造热点。互动可以是要求消费者在朋友圈下面留言，提供一些建议或评价，再从中抽取幸运朋友送礼的方式；也可以是发表一些趣味话题，如猜谜、竞拍等。

4. 商品信息分享

电商文案创作者可以在朋友圈中分享商品的上新信息、商品详情信息、促销活动、发货情况等，但不能太频繁。这样的商品信息分享也会刺激一些目标消费者产生购买的冲动。图 5-14 所示为商品信息分享。

如果消费者购买了商品，电商文案创作者要及时在朋友圈内分享相关信息。这样做的目的是使其他消费者知道商品销量很好，商家能够给消费者提供很好的购物体验，从而激发他们的购买欲望，使其产生更多的购买行为。

此外，消费者在商品信息分享时要注意将订单信息、对话信息等发到朋友圈，以表明售卖信息的真实性。

第5章　微信营销文案的策划与写作

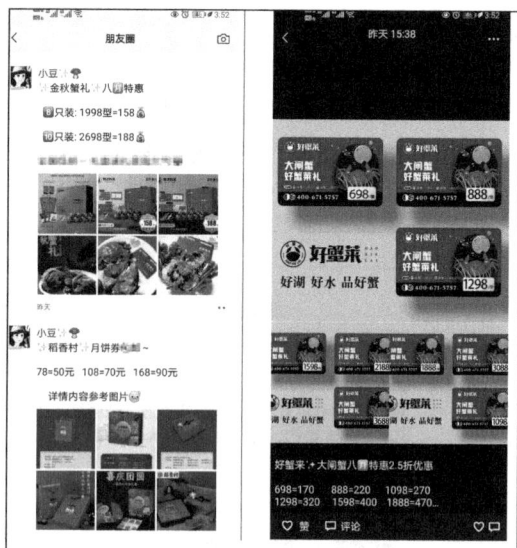

图 5-14　商品信息分享

5. 专业知识分享

在朋友圈进行商品营销的电商文案创作者需要有非常专业的商品知识，因为没有人愿意买连介绍都没有的商品。此外，专业知识的分享，如分享使用方法、使用技巧或商品功用等，也许能帮助消费者解决一些实际问题，即使解决不了，也能让他们感受到电商文案创作者的专业，为以后的销售打下坚实的基础。图 5-15 所示为专业知识分享。

6. 鼓励转发分享

电商文案创作者可以通过一定的激励方式，鼓励朋友和消费者转发分享。例如，图 5-16 所示的"免费送啦！老北京铜火锅盛大开业期间，凡连续 3 天转发……全部送泰山原浆啤酒四瓶，或者涮菜四份"，这样可以让更多人看到自己的商品及其使用效果，鼓励消费者转发分享。

7. 消费评价分享

微信销售商品也需要像在电商平台上销售商品一样进行物流信息跟踪，当物流信息显示商品到达消费者手里的时候，还需要消费者确认收货。而当消费者使用商品之后，商家通常需要让消费者分享一下使用感受，或者提供一些反馈图，这也是常用的一种营销方式。有时，为了让消费者在朋友圈中分享使用感受，商家可赠予他们一些赠品，让赠品随消费者下次购买的商品一起邮寄过去，一举两得。

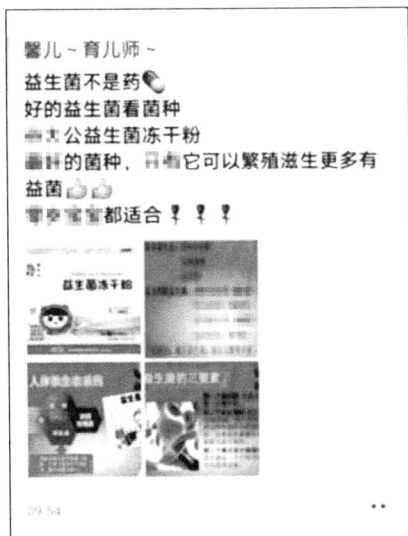

图 5-15　专业知识分享

图 5-16　鼓励消费者转发分享

小提示

　　我们要多关注消费者的朋友圈信息，及时对他们所发信息点赞和评论，并在节假日送上祝福。这样做很容易收获消费者的好感，使他们更愿意购买商品。

5.4　微信公众号文案写作

　　微信公众号是企业或个人在微信公众平台上申请的应用账号，企业或个人通过微信公众号可以向已关注公众号的消费者推送文章。微信公众号文案利用文字、图片、语音、视频等实现和消费者的全方位沟通、互动，以巩固消费者对品牌的忠诚度，不断扩大影响力，提高整体营销效果。电商文案创作者一定要掌握好微信公众号文案的写作方法。

5.4.1　微信公众号标题文案

　　与电子商务其他类型的文案一样，微信公众号文案写作的第一要务是吸引消费者，引起消费者的阅读兴趣。所以，微信公众号标题文案非常重要，其特点通常如下。

知识点提问

　　好的微信公众号标题文案必须具备哪些特点呢？

---

1. 主题鲜明

标题是对文案内容的高度概括，要使消费者看到它就能理解文案的具体内容。因此，标题必须结合文案主题且要鲜明，不能与内容毫无关联。需要注意的是，不管是标题还是文案开头，电商文案创作者几乎只有 30 秒的时间留住消费者。

2. 引起消费者共鸣

标题要让消费者感同身受，觉得这篇文章就是写给自己的，只有这样的标题才能真正赢得消费者的心。

3. 远离"标题党"

电商文案创作者拟订标题时，不能为了吸引消费者的注意力、提高点击率而恶意欺骗消费者。标题一定要跟文章内容有关，一旦消费者感觉到标题和内容不相符，他们的阅读体验可能会非常不好。这样，即使电商文案创作者以此吸引了大量消费者，那也不是目标受众，而是无效流量。

4. 引人注目

标题的内容只有与消费者的心理需求联系起来，诱发他们的关心、好奇、喜悦等情绪，才能充分发挥宣传效果。因此，标题在字体、字号和位置等方面，都应考虑视觉化和艺术化的效果，要能引起消费者的注意。同时，针对不同的宣传对象，标题的拟写也要有针对性，不可离题，这样才能充分发挥文案的说服力。

5. 契合 SEO

在"搜索为王"的网络时代，搜索引擎营销成为主流的营销方式，而 SEO（Search Engine Optimization，搜索引擎优化）作为免费的 SEM（Search Engine Marketing，搜索引擎营销）手段更为重要。有时，微信公众号文案主要就是为 SEO 服务的，所以我们需要从 SEO 的角度考虑为文案标题设定一些标准。一是标题字数不宜超过 30 个字；二是标题要含有要优化的关键字，这样才能被搜索到。

> ## 拓展案例
>
> ### 众多平台将严惩"标题党"账号，多次违规或被永久封禁
>
> 微信、抖音、微博等平台近日分别发表公告，针对自媒体违规发布财经新闻、歪曲解读经济政策、唱衰唱空金融市场、充当"黑嘴"博人眼球、造谣传谣、敲诈勒索等行为开展专项整治行动，净化网络环境。专项整治行动将重点解决一些商业网站平台和自媒体片面追逐商业利益，为吸引"眼球"炒作热点话题、违规采编发布互联网新闻信息、散播虚假信息、搞"标题党"等网络传播乱象，多次违规的账号或被永久封禁。
>
> 互联网不是法外之地，电商文案创作者也应严格遵守相关法律法规，依法策划、文明写作，共同维护良好的网络舆论生态。

5.4.2 微信公众号封面配图和正文配图

好的文案配上好的图片才算精彩。图片配得好，不仅会为文案增添不少魅力，而且可以吸引消费者关注。微信公众号中常见的插图包括封面配图和正文配图，两种配图各具特色。

微信公众号封面配图和正文配图

1. 封面配图

封面配图是对微信公众号文案内容的说明和体现，有创意和视觉冲击力的封面配图可以快速吸引消费者的注意力，让消费者把注意力停留在封面上，并产生进一步阅读的欲望。但需要注意的是，封面配图要体现文案的主题，不能出现图文不符的情况，或单纯为了博取关注而采用与内容不匹配的封面。封面配图不仅仅体现在公众号图文消息的单条消息上，有的公众号每天发送多条消息，所有文案配图都有一个相同的主题，可以通过相同的主题图片来体现微信公众号文案的标题和内容。封面配图如图 5-17 所示。

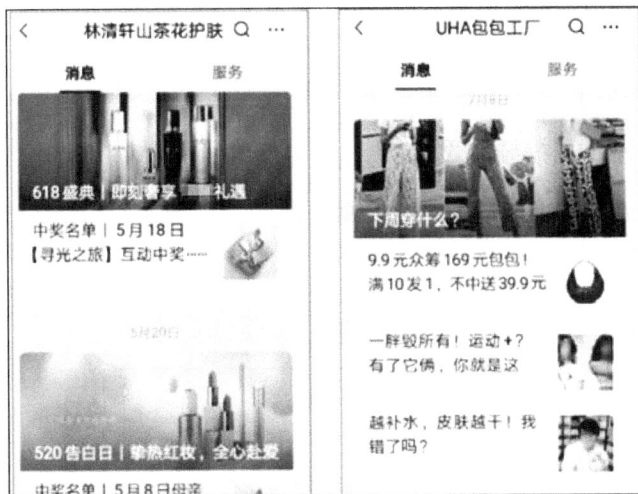

图 5-17 封面配图

封面图片配得好不仅可以激发消费者的阅读欲望，还能提高电商文案创作者的审美品位。电商文案创作者在挑选封面图片时，一定要选择背景干净、重点突出的图片。如果背景混乱，很容易影响消费者阅读，重点不突出也会产生干扰。

电商文案创作者在为微信公众号文案的封面配图时，一定要合乎标准。

2. 正文配图

电商文案创作者为微信公众号文案搭配的图片一定要和文案内容有一定的关联。例如，讲解美食的微信公众号文案可以配上美食图片，介绍旅游的微信公众号文案可以配上风景图片。

在为正文配图时，电商文案创作者要处理好图片的冷暖色调，图片大小也要做到与内容统一。正文配图如图 5-18 所示。

图 5-18 正文配图

除了贴合文案主题的配图外，还有两种典型文案的配图。

（1）心情分享类文案。这类文案的配图可能和文字本身没有什么关系，仅仅是因为图片好看，与文案的整体风格搭配而已。

（2）吐槽类文案。这类文案的配图比较随意，既可以是网络图片，也可以是表情包等。

5.4.3　微信公众号摘要文案

微信公众号摘要文案是微信公众号文案封面下方的引导性文字，图 5-19 所示为摘要文案。其作用是引导消费者了解文案主题。摘要文案可以是直接陈述性的文案，也可以是提问式的文案。它可以快速引导消费者了解主要内容，或提出具有吸引力的问题，也可以吸引消费者点击和阅读，增加微信公众号文案的点击量和阅读量。

图 5-19　摘要文案

微信公众号摘要文案一定要简洁，如果文字内容太多，会让消费者产生视觉疲劳。摘要文案的字数约为 50 字，应根据标题和正文内容来写作。如果是关于优惠活动的文案，可将优惠信息作为摘要来吸引消费者。

如果选择单图文模式发表文案却不添加摘要，微信会默认将正文的前面几句文字显示为摘要，这样就浪费了单图文的大好位置。因此，电商文案创作者要重视摘要文案的写作，最好在写完正文后仔细阅读，并结合正文内容和自己的见解写作摘要。摘要文案不要出现表意不清的情况，这会影响消费者对微信公众号文案的第一印象。

5.4.4　微信公众号正文文案

微信公众号正文文案的编写相对来说比较自由，既可以简单地阐述，也可以分门别类地总结。下面介绍微信公众号正文文案的写作。

1. 商品延伸信息

微信公众号正文文案应该以消费者为中心，内容紧密围绕消费者来组织，既可以展示消费者想了解的商品延伸信息，也可以收集消费者购买商品前、使用过程中、使用后经常遇到的问题等。图 5-20 所示为有关商品延伸信息的文案内容。

如果卖茶叶，商家不能只介绍自己的茶叶有多好，因为消费者可能更想了解茶叶的饮用方法、存储方法，送领导应该送什么茶叶等。如果是礼品定制的店铺，商品延伸信息可以分享一些有关送礼的禁忌，以及如何送礼的知识等。如果是卖母婴用品的店铺，商品延伸信息可以围绕婴儿的喂养、婴儿的日用品、婴儿护理等来展开。

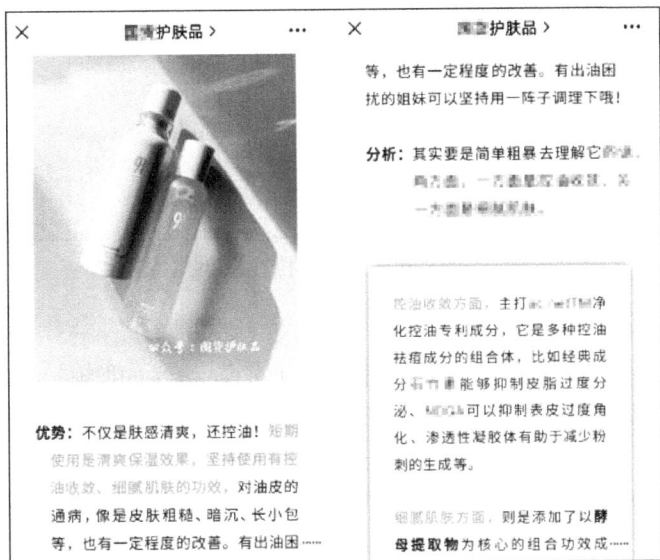

图 5-20　有关商品延伸信息的文案内容

2. 商品折扣优惠信息

相关调查显示，有百分之三四十的消费者是冲着折扣信息才去关注一些品牌或商品的，可见商品折扣优惠信息是很重要的。图 5-21 所示为商品折扣优惠信息。

具体发布折扣优惠信息前，商家应该设计一些专属于粉丝的特别折扣，让他们享受到一种作为粉丝才有的特殊待遇，这样消费者才乐意成为粉丝，还会对发布的优惠信息进行转发传播。

3. 段子植入

很多人都喜欢好玩、有趣的段子，因为这些段子在幽默中带有一丝人生感悟，在给平淡的生活增添惬意的同时，还能让大家感悟出很多人生哲理。由此可见，企业如果能够将广告植入段子中，不仅不会让消费者反感，反而会使其为自己精妙的创意而赞叹。

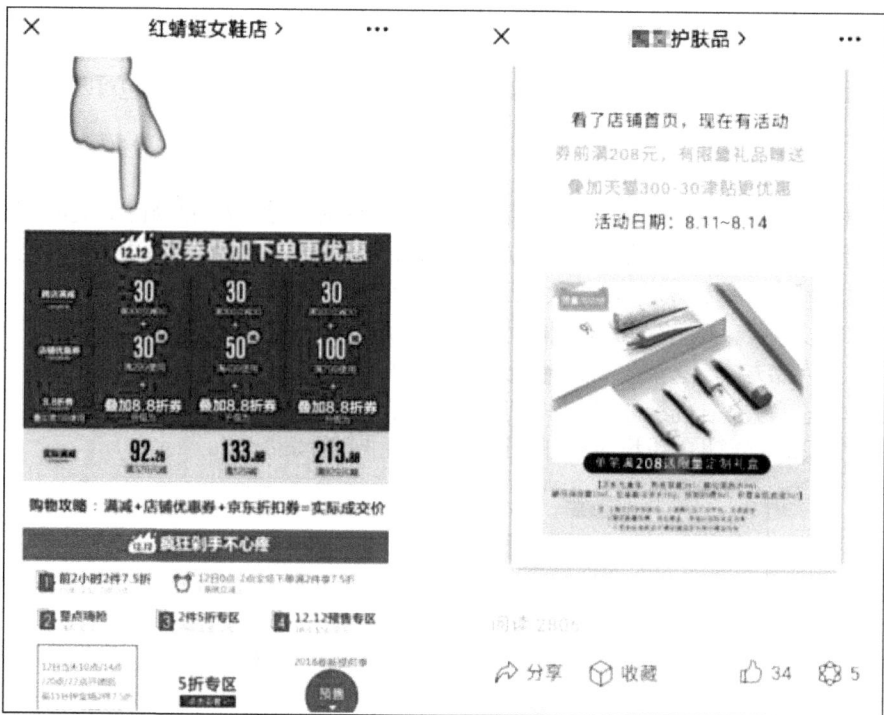

图 5-21　商品折扣优惠信息

4. 视频植入

视频植入就是在微信公众号文案中插入与企业或商品相关的视频，或插入语音介绍。有条件的企业可以邀请名人来录制，也可以让企业领导或相关负责人来录制。总之，视频中的人物需要有一定的知名度或影响力，这样会更有说服力。

5. 企业文化与员工生活

微信公众号不同于官方网站，它与消费者的距离更近，消费者也更容易接受微信公众号的信息。微信公众号也可以说是企业的"形象代言人"，因而应该展现企业应有的活力。企业可以在微信公众号上分享办公室环境、团队活动、一些好玩的事、有趣的员工等，让消费者通过微信公众号了解企业，让信息更加透明化，这样才能让消费者感觉到这不是一个冷冰冰的账号，它的背后有这么一群可爱的人。图 5-22 所示为微信公众号正文文案展示的公司团队活动。

6. 消费者对商品的评价

很多人喜欢在微信朋友圈晒生活、晒感想、晒经验，这一系列的"晒"中常常会涉及自己使用的商品或服务，而商品或服务通过这种方式传播达到的口碑效应是非常显著的。电商文案创作者应该把这些评价收集起来，积极筛选这部分消费者的评价信息，进行转发和简单的评论。这样可以借助消费者之口对店铺进行正面口碑传播，树立良好的品牌形象。图 5-23 所示为微信公众号正文文案中消费者对商品的评价。

图5-22 微信公众号正文文案
展示的公司团队活动

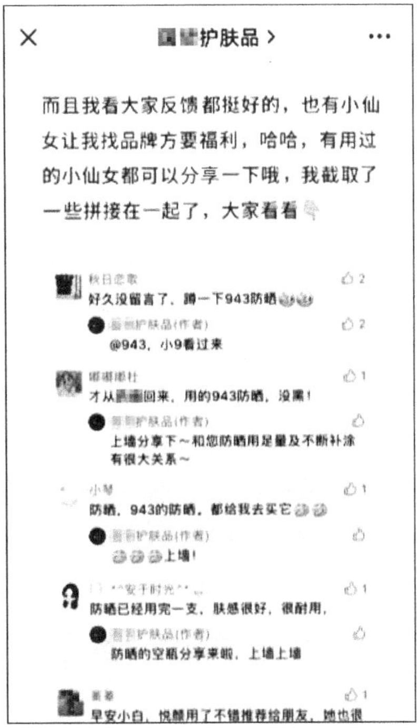

图5-23 微信公众号正文文案中
消费者对商品的评价

📖 任务实训——利用微信公众号撰写"面包机"促销文案

📝 实训目标

为了更好地掌握微信营销文案策划与写作的相关知识，我们做具体的任务实训，以加深读者的认识和理解。

📝 实训内容

利用微信营销文案写作的方法和技巧，以及标题、内容和配图创作设计的方法，创作出"面包机"的促销文案，具体要求如下。

（1）明确商品的卖点，首先围绕"面包机"这一主题进行联想，然后确定文案的风格。

（2）在电商网站，如淘宝、拼多多等搜索与"面包机"相关的文案作为参考，并创作标题。设计标题时可以在其中直接体现商品的卖点。

（3）在创作文案内容时，最好通过优惠活动来吸引消费者的注意，也可以使用段子植入、视频植入等方式。

（4）根据标题和内容，拍摄或从网上下载合适的"面包机"图片，然后将创作好的文案标题和内容放置其中。注意这些文字的颜色、字号、行间距、段间距、字间距、文字强调等。

📖 实训练习

明确商品的卖点，创作文案的标题，创作文案的正文内容，制作文案图片。

📖 实训分析

微信公众号首先给消费者展示的就是标题和封面，标题中的关键词能够激发消费者的阅读欲望。一个能调动大多数消费者阅读兴趣的标题，是写作微信公众号文案的重中之重，所以在写作之前一定要多拟订几个标题，从中筛选出最吸引人的标题。当然，标题还要紧扣正文内容才行。关于配图，我们可以在一段文字结束后配一张与内容相关联的，或者有承上启下之意的高清图片。

要想激发消费者的购买欲望，引导其下单购买，微信公众号文案就必须给消费者呈上一份购买依据，赢得他们的信任。在这个信息泛滥的时代，一篇文案吸引消费者注意力的时间往往只有几秒。在这短短几秒时间内，电商文案创作者要将挖掘的亮点体现在文案最显眼的地方，这样才能留住消费者。

📕 知识巩固与技能训练

一、填空题

1. _____是指利用文字、图片、视频等元素创作的，能够进一步引导消费者进行消费的文案。

2. 微信营销文案的表现形式包括_____、_____和_____等。

3. _____是非常重要的给自己公众号吸引流量的工具，商家利用这个链接可以让消费者了解到企业更多的资讯和信息。

4. 微信营销文案的写作常用的方法有以下几种，分别是_____、_____、_____、_____等。

5. 微信公众号中常见的插图包括_____和_____，两种配图各具特色。

二、选择题

1. 下面哪项不是微信营销文案的表现形式？（　　　）

A. 朋友圈文案　　　　　　　B. 公众号文案　　　　　　　C. 二维码文案

2. 很多微信公众号会在介绍商品时或在介绍商品之后给大家展示（　　　），商家在其中可以添加更加详细的商品详情介绍。

A. 朋友圈　　　　　　　　　B. 小程序　　　　　　　　　C. H5营销文案

3. （　　　）是对文案内容的高度概括，要使消费者看到它就能理解文案的具体内容。

A. 标题　　　　　　　　　　B. 封面图　　　　　　　　　C. 正文

4. （　　　）是对微信公众号文案内容的说明和体现，如果它具有创意和视觉冲击力，就可以快速吸引消费者的注意力。

A. 开头　　　　　　　　　　B. 封面配图　　　　　　　　C. 商品图片

三、简答题

1. 微信营销文案的定义是什么？微信营销文案具有哪些特点？
2. 微信营销文案的表现形式有哪些？
3. 微信营销文案的写作要求有哪些？
4. 微信营销文案的排版需要注意哪些问题？
5. 微信朋友圈文案写作需要注意的问题有哪些？
6. 好的微信公众号标题文案必须具备哪些特点？

四、技能实践题

练习使用下面几种方法，撰写一个促销商品的微信营销文案。表 5-1 所示为使用不同的方法撰写微信营销文案。

表5-1　使用不同的方法撰写微信营销文案

方法	概述	详细操作步骤
方法一	核心观点罗列法	先将核心观点单独列出来，再从能够体现观点的方方面面来进行扩展讲述
方法二	各个击破法	根据需要推广的内容，将商品或服务的特点单独进行介绍
方法三	倒金字塔法	按先重要后次要的顺序来撰写文案。首先将文案的精华浓缩在文案开头，然后再围绕开头的内容展开解释和说明，最后总结即可
方法四	故事引导法	通过讲述一个故事，让读者沉浸到故事情节中，跟着故事的发展阅读下去，在文案结尾再提出需要营销推广的对象

第6章 微博营销文案的策划与写作

微博营销是目前很流行的一种营销方式，其实用价值和潜力也是十分巨大的。微博具有极快的传播速度，因而其对企业营销可以产生很大的助力。那么具体怎样撰写微博营销文案呢？要想写出好的微博营销文案，首先需要了解微博营销文案的一些基础知识，包括微博营销文案的定义、微博营销文案的类型、微博营销文案必备的要素、微博营销文案的写作特点和技巧、微博营销活动文案的写作、微博营销文案的具体写作。

【任务目标】

- ☑ 熟悉微博营销文案的定义和类型。
- ☑ 掌握微博营销文案的写作基础。
- ☑ 掌握微博营销文案的具体写作方法。

案例链接

微博营销——"会说话的月饼"

众所周知，月饼作为节令性食品，其营销周期较短。许多商家为此伤透了脑筋，他们在经营过程中经常出现进退两难、举步维艰的局面：进货太多会造成月饼滞销，出现大面积的积压，最终导致无法回笼资金；进货太少，商品的类目少，消费者的选择空间小，没有竞争力，也不利于月饼的销售。

华美食品公司在中秋佳节来临之际，以"会说话的月饼"为主题，策划了一场网络活动，具体规则如下。

（1）消费者购买该品牌月饼并扫描二维码。

（2）消费者进入其微信公众号的活动主页面，点击定制祝福。

（3）消费者拍摄微视频，录制并上传祝福视频，输入华美月饼独有的祝福编号并提交。

消费者在完成视频的定制之后，将该活动分享到朋友圈中，就可以获得抽取华美食品提供的钻戒、手机、名牌手表、华美月饼等丰厚礼品的机会。

华美食品公司策划的"会说话的月饼"活动在微博上一经推出，就引起了行业人士和广大网友的关注。一些微博用户更是在品尝了月饼之后，纷纷发微博肯定这个活动的创意。这些用户中既有电商圈名人，也有网络博主，越来越多普通用户也参与到购买"会说话的月饼"送祝福的活动之中。

《南方都市报》和深圳电视台等媒体也对此给予了相应的报道，如此强烈的市场反应使参与活动的用户数量迅速增加，在短短的几个小时之后，微博话题讨论量就已经超过百万次。

熟悉华美月饼的消费者不难发现，华美食品公司在每年的中秋节都会以不同的形式推出"我为亲人送祝福"的主题网络活动。活动将产品和互联网相结合，活动规则虽然简单，但是营销效果显著，使得企业顺利完成了从传统营销向互联网营销的转型。

6.1 微博营销文案概述

随着移动互联网的普及，微博已经成为人们获取资讯和沟通交流的重要平台，也成了众多商家开展推广和宣传的新阵地。电商文案创作者要利用微博来编写电商营销文案，首先应该知道微博营销文案的一些基础知识。

6.1.1 微博营销文案的定义

简单来说，微博营销文案就是发布在微博平台上的文案信息。一篇好的微博营销文案可以迅速引起读者的兴趣，为微博博主带来大量流量和较高的关注度。当然，这种流量和关注度可以有效地转化到企业的商品上。商家也可以通过微博营销文案链接到其他网页中，达到利用微博进行营销的目的。微博营销文案应该具备以下特点。

1. 多种技术

微博营销文案可以借助多种技术手段，通过文字、图片、视频等展现形式对商品进行介绍，从而使潜在消费者更直观地了解商品信息。图6-1所示为在微博上发布宣传视频。

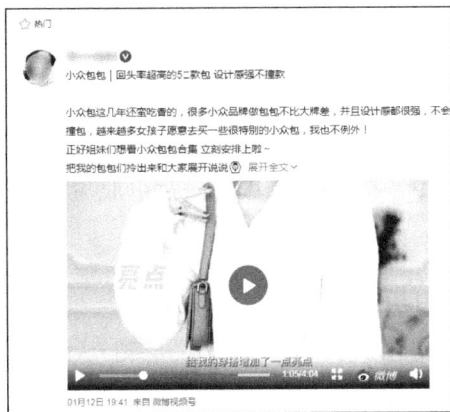

图6-1　在微博上发布宣传视频

2. 传播速度快

微博的显著特征就是传播迅速。一条热度高的微博营销文案一经发出，短时间内就可以抵达微博世界的每一个角落。

3. 便捷性

微博营销优于传统推广，无须严格审批，从而节约了大量的时间和成本。

4. 广泛性

微博营销文案通过博主粉丝的大量转发和各网络名人的转发，能得到更广泛的传播，图6-2所示为微博营销文案可以迅速转发传播。

图6-2　微博营销文案可以迅速转发传播

5. 效率高

微博信息发布操作简单，效率高，并且能很快帮助博主和消费者建立互相了解的一个通道。

6.1.2　微博营销文案的类型

一篇好的微博营销文案可以吸引更多的粉丝，带来巨大的流量，这些流量能够转化为购买力。微博营销文案的常见类型如下。

> ✎ **知识点提问**
>
> 你发布过微博吗？微博营销文案有哪些常见类型？

1. 文字微博营销文案

文字微博营销文案是一种普通的微博营销文案，它只显示一段文字，和微信朋友圈中的纯文字文案一样。图6-3所示为文字微博营销文案。

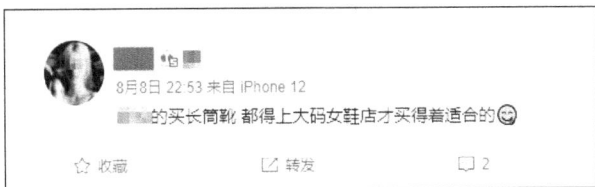

图 6-3　文字微博营销文案

2. 图片和视频类微博营销文案

微博不仅能发布文字，还能加入图片和视频等多媒体元素，甚至很多微博博主直接采用图片或视频的形式来进行文案表现。这不仅使微博营销文案内容变得更加丰富多彩，还能使粉丝更加直观地查看文案的内容。图片和视频类微博营销文案要注意以下两个方面。

（1）如果微博营销文案是以文字描述为主、图片或视频为辅的，那么最好选择应景图片，以增强微博营销文案的吸引力。

（2）如果微博营销文案是以图片或视频为主的，就要注重图片和视频所表现的内容，并为其配上一两句简短而又点题的文字。图 6-4 所示为视频类微博营销文案。

图 6-4　视频类微博营销文案

6.1.3　微博营销文案必备的要素

微博营销文案在内容的编写上，可以同时包含"@""#""链接"3 个要素。图 6-5 所示的美的空调官方微博发布的这条微博中就包含了上述 3 个要素。这样可以让自己编写的微博营销文案受到更多关注，提高评论率和转发率。其中，"@"指向某一个消费者，可以在很大程度上保证该消费者会阅读此内容；"#"则增加了微博营销文案被搜索到的概率，有利于被粉丝之外的人看到；"链接"则是分享内容的有效途径，更容易激发消费者的关注兴趣。

（1）"@"符号。"@"符号本来被用于电子邮件中，后来在微博中也有广泛应用，其主要作用是指定某一读者，用法为"@读者"。例如，在微博营销文案中添加"@×××"，读者"×××"就会收到提示，可以通过提示查看这条微博。如果微博内容好，这位读者也会将其转发到自己的微博主页，和粉丝分享这条微博。所以，电商文案创作者使用"@"符号可以提高微博的阅读量和转发量，增强互动。

（2）"#"符号。"#"符号是话题符号，其用法是"#话题#"，即在话题的前后各加一个"#"符号。微博上有很多热门话题，进入话题中心后，所有添加了"#话题#"的微博都会显示在话题界面中，关注此话题的人都可以看到。所以，为了使微博营销文案更容易被搜索到，电商文案创作者可以在微博营销文案中添加一个或多个话题符号，以提高关注度。

（3）链接。链接的用法很简单，直接将链接网址添加到微博营销文案中即可。无论是图片、视频，还是想要分享的其他网页的文章，电商文案创作者都可以利用链接的方法将文案分享给读者。相关统计表明，带链接的微博营销文案的转发率比不带链接的微博文案要高出3倍。

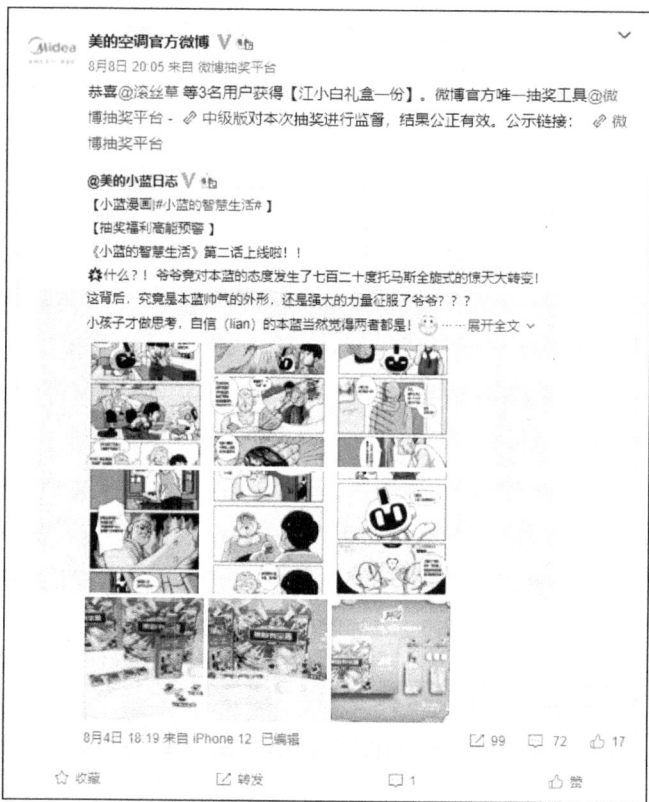

图6-5　包含3个要素的微博

小提示

很多电商文案创作者都会选择在微博营销文案的最后添加链接，其实也可以选择在中间比较醒目的位置，如重点符号前后、重点字词前后添加链接，这样往往可以达到很好的吸粉、吸睛效果。

6.2 微博营销文案的写作基础

微博营销越来越重要，电商文案创作者若想通过微博营销推广商品，首先要掌握微博营销文案的写作特点和写作技巧。

6.2.1 微博营销文案的写作特点

微博营销更注重时效性。微博营销文案的写作具备以下特点。

> **✎ 知识点提问**
>
> 说一说微博营销文案的写作有哪些特点。

1. 内容精练

微博营销文案内容需要短小精悍、通俗易懂，让消费者能迅速理解文案的主题内容。一般来说，电商文案创作者可以将字数控制在 200 字左右，这样就可以使消费者在转发时带上评论，从而让他们更乐意进行转发。

电商文案创作者编写微博营销文案时，还要注意文案的内容要通俗易懂，要用浅显的文字来进行表述，让消费者能快速抓住中心思想，引导消费者思考，从而达到快速传播的目的。

2. 主题明确

相对于微信营销文案等其他新媒体平台文案，微博营销文案的主题、消费者群体定位和写作目的等更加明确。电商文案创作者在编写微博营销文案时一定要明白自己的写作目的是什么。

同时，电商文案创作者在写作的过程中还要注意不能夸大其词，尽量使用适当的语言来描述需要表达的思想，保证文案的真实性和可读性；切忌为了吸引消费者注意而虚构信息、歪曲事实，这样只会适得其反。

3. 话题要有吸引力

微博中的热门话题往往是一段时间内大多数人关注的焦点。电商文案创作者凭借话题的高关注度来进行商品或服务的宣传，可以使微博营销文案快速获得人们的关注。电商文案创作者要关注各种热门话题和热点事件，以及日常生活中消费者关心的各种话题，找到与自身品牌相契合的热门话题，并将两者的共同属性结合起来，借势营销，有效增强品牌的曝光度及消费者的关注度。电商文案创作者可以利用这些作为切入点进行文案的写作。

> **😲 小提示**
>
> 电商文案创作者通过在微博平台上撰写有热度、富有趣味的个性化话题，可以快速引起消费者热议及互动，促使消费者自发地进行口碑传播，大大提高品牌的曝光度及企业的知名度，最终促成流量向销量的转化。电商文案创作者在选择热门话题时要注意热门话题的时效性，不能选择时间久远的话题。

6.2.2 微博营销文案的写作技巧

对于商家来说，微博营销文案的好坏在很大程度上能够决定营销的成败，因而写作微博营销文案是一件不容忽视的事情。那么微博营销文案有哪些写作技巧呢？

1. 把握时机

商家需要利用热点来写作微博营销文案，以快速引发热度和获得关注。因此，电商文案创作者需要在第一时间找准营销内容与热点事件的关联点，将热点事件的核心点、商品或品牌的诉求点、消费者的关注点三者结合起来进行创作。另外，以热点事件作为切入点进行写作的微博营销文案，其写作和发布都应该在热点事件发生后 24 小时内完成。

2. 微博内容的原创性

一条热门微博的原创博主和话题中的人物很容易被人们记住，所以电商文案创作者要尝试做原创的人，而不是转发话题的人。现在，原创知识产权受到越来越多的重视，因此电商文案创作者不要在未经作者同意的情况下抄袭他人的文章。

3. 植入广告需要技巧

电商文案创作者在撰写微博营销文案内容时，措辞要含蓄，尽可能把广告嵌入有价值的内容当中。这样既能起到宣传商品的作用，又能为粉丝提供价值型的内容而不会让粉丝厌恶。这样的广告具有一定的隐蔽性，所以转发率更高，营销效果也更好。比如，生活中的小技巧、免费的资源、有趣的事等，都可以成为植入广告的内容。

4. 善用评论和话题

电商文案创作者要经常查看粉丝的评论，并积极和粉丝进行互动，拉近和粉丝之间的距离。电商文案创作者通过查看粉丝评论的内容，可以摸索粉丝的喜好，并据此进行微博营销文案的编写。

5. 注意导语的作用

导语经常出现在一些内容较多的微博营销文案中，好的导语可以通过简短的描述快速体现文案的主要内容，吸引消费者的注意力，使其对文案内容产生强烈的阅读欲望，并引导消费者点击阅读正文内容。导语写作需要遵守以下原则。

（1）简洁。电商文案创作者应尽量使用简单明了的语言，让消费者能够快速理解文案所传达的信息。

（2）符合主题。导语是对正文内容的引导性叙述和抽象概括，要与文案的主题相一致。

（3）风格多样化。导语需要让消费者在阅读后产生融入感和想要阅读正文的兴趣，因此电商文案创作者可以利用多种修辞手法来提高文案的生动性，也可以添加一些时下的流行语来拉近与消费者之间的距离，尽可能吸引消费者的关注。

6.2.3 微博营销活动文案写作

很多商家通过开展微博营销活动以获取更多回报，如增长粉丝、增强粉丝黏性、提高品牌好感度等。下面介绍几种常见的微博营销活动文案写作的类型。

1. 游戏型

游戏型是以游戏作为互动的形式，粉丝可以通过文字、图片承载游戏形式进行互动。目前来说，游戏型是比较受欢迎的活动形式，毕竟娱乐是人本性的追求，粉丝能够通过参与游戏活动获得乐趣。

2. 问答型

问答型是微博平台早期常用的形式，通常由博主发起问题并给出答案，人们可以评论和转发，较常用于活动主题、品牌知识的传播。问答型如图6-6所示。

3. 话题型

商家发起话题可以吸引粉丝参与和分享。话题活动形式简单、可参与性强，已成为目前微博上常见的活动类型。粉丝可通过转发+评论、评论等形式参与活动。话题型如图6-7所示。

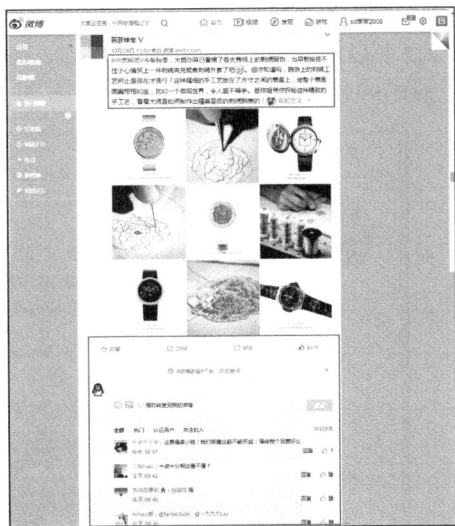

图6-6　问答型　　　　　　　　　图6-7　话题型

4. 投票型

投票型具有参与门槛低、观点鲜明、易于传播的特性，一经推出便受到各方的青睐，适用于促销推广、网络调查等。

5. 惊喜型

商家在活动环节和奖励机制上设置一些不确定性的元素，可以增强活动的趣味性，增加粉丝对活动的好感度。惊喜型如图6-8所示。

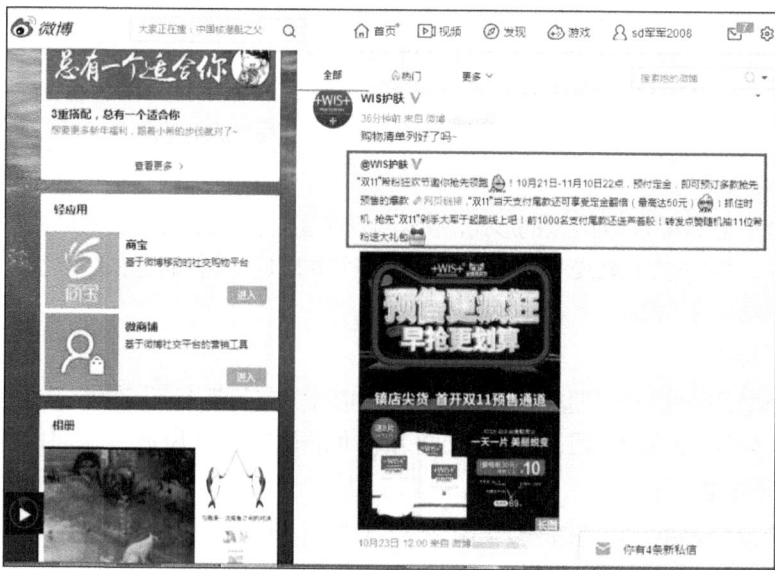

图6-8 惊喜型

6. 抢购活动型

商家可以推出限时限量免费抢购活动，在一定程度上激发粉丝参与的积极性。抢购活动型如图6-9所示。

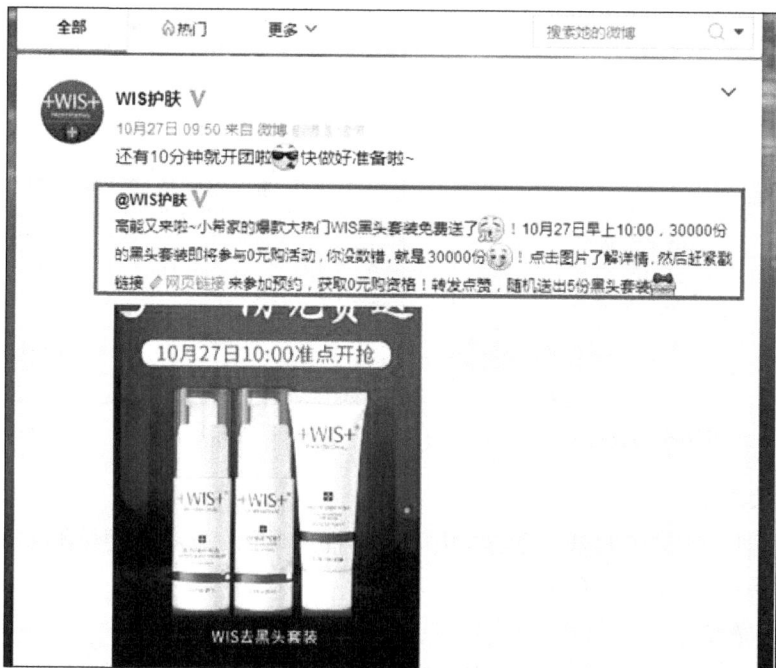

图6-9 抢购活动型

7. 悬念型

商家发起悬念活动,配合奖励机制吸引人们关注、参与,也可以有连续性的活动推进。悬念型如图 6-10 所示。

图 6-10　悬念型

活动目的是以增加粉丝为主,所以商家切勿把规则设置得太复杂,不然很难引起粉丝的参与兴趣。

6.3　微博营销文案的具体写作

什么样的微博营销文案会受到消费者喜爱? 当然是能给消费者带来好处,能给消费者提供高效服务,或是能够帮助消费者解决某种普遍问题等的微博营销文案。电商文案创作者在进行微博营销文案的具体写作时应该从消费者角度出发,并根据消费者的痛点,结合商品优势来进行微博营销文案的撰写。

6.3.1　短微博文案写作

比起那种长篇大论的文章,消费者更愿意接受短微博文案。短微博文案指的是限制在 2000 字以内的文案。微博是一个资讯传播快、形式多样化的平台,人们习惯通过短篇幅的内容来快速获取自己需要的信息。因此,短微博文案的内容建议控制在 140 个字以内为佳。

短微博文案写作时需要注意以下内容。

1. 包装成故事

电商文案创作者可以将需要营销的商品包装成吸引人的故事，采用对话描写和场景设置等方式，在展现故事情节和细节的同时推广商品。电商文案创作者采用这种方法来写作短微博文案时需要注意以下几点。

（1）亲近性。几乎所有的消费者都不喜欢直接的广告，因此电商文案创作者要尽量通过较为日常与生活化的方式来进行描述，增加文案的生活气息，拉进文案与消费者之间的距离。

（2）叙述角度。电商文案创作者可以从人物的性格、生存环境等角度出发，抓住人物有特色的细节、语言特征，以人物细节为突破口，这样可能获得意想不到的效果。

（3）有真实的故事来源，保证其真实可信。

（4）短小精悍，方便记忆。

（5）情节曲折，富有戏剧性。

（6）和品牌定位联系紧密。

2. 借势营销

借势营销是指企业及时地抓住广受关注的事件及有热度的名人等，结合企业展开的一系列相关活动，来提高企业或商品的知名度、美誉度，树立良好的品牌形象，并最终促成商品或服务销售的营销策略。

借势营销是微博营销中非常重要的一种方法，电商文案创作者要在借势的过程中把握好最佳的借势时机，通过将营销的目的以文案的形式隐藏在借助的"势"中来潜移默化地引导市场消费。通常来说，电商文案创作者要想快速增加热度和关注度，借势名人或借势热门事件是较为简单的途径。

例如，如果能抓住奥运会这个大家都关注的活动进行微博营销，企业或商家即使可以投入很少资金也能够做好奥运会期间的微博推广。企业或商家的官方微博可以发布一些奥运会期间的趣图、趣事，同时发表一些看法，话题要能够激起大家评论的欲望。图6-11所示为安踏借势奥运会进行微博营销，吸引了很多粉丝评论转发。

#奥运怎么说# #国乒女团 VS 日本女团#

本届奥运会"最燃时刻"之一！国乒姑娘们3∶0战胜日本队夺得乒乓球女子团体冠军！在下方评论区留言为她们点赞，8月7日将从评论区抽出一位幸运粉丝，送出一双东京奥运中国代表团纪念版领奖鞋。

图6-11　安踏借势奥运会进行微博营销

拓展案例

2021年东京奥运会中国金牌总数第一！中国奖牌总数世界第二！

奥运会是一项家喻户晓的大型活动。奥林匹克运动已诞生100多年，但奥运会仍在延续，奥运精神也流传至今，就像奥运圣火的火焰熊熊燃烧一样，生生不息。2021年的7~8月，参加东京奥运会的中国运动员凭借自身实力一次又一次地登上热搜，他们以自己的正能量获得了所有网民的赞扬与尊重。中国青年报社也在社会调查中心通过问卷网对1693名受访者进行了一项调查，数据显示81.0%的受访者关注了本届奥运会金牌和奖牌榜。

参加奥运会的中国运动员"顽强拼搏、为国争光"的精神，再一次激发起大家的爱国情怀。这是国家的强大给予了我们民族自信，让我们的成绩越来越好。每一次的比赛，每一次的拼搏，每一次的坚持，我们的最终目标就是让国旗升起，让国歌奏响，这样才不会辜负祖国对我们的培养。

短微博文案如果能够借助名人的影响力和号召力，就可以迅速吸引粉丝关注，充分展示品牌形象，形成涟漪式传播，从而更容易完成名人粉丝向品牌粉丝的转化，实现品牌声量与市场销量共赢。短微博文案借势名人营销主要表现在以下两个方面。

（1）名人代言。企业选择与品牌形象相契合的名人作为形象代言人，充分发挥名人效应来吸引粉丝互动，进一步提升粉丝对品牌的好感度和信任感，最终促成从名人粉丝到品牌购买者的转化。

（2）企业借势名人营销，主要从两个方面着手：一方面是从品牌代言名人的自带热点着手，这是指名人在品牌代言期间，其自带的所有热点话题都可以让品牌借势营销；另一方面是从名人当下的热点事件着手。

小提示

借势热门事件是很多品牌常用的营销手段，几乎每一次社会热门事件都能引起各大企业的营销热潮；越有创意的借势营销，越能为品牌带来不俗的营销效果。

3. 关联营销

关联营销就是品牌不单为自己撰写宣传或推广文案，还与微博上的其他品牌账号进行关联合作，以生成一个话题。这样的关联微博文案发出之后，经常会引起粉丝的关注与兴趣。图 6-12 所示为关联营销，该图描述了美的空调官方微博发布#焕新你的生活#的话题，关联营销时通过"@"功能告知被关联的对象京东电器，以更好地与京东电器进行互动和联合营销，这就是典型的关联营销。其具体微博文案如下。

在不知不觉中送给你清凉，无风感空调尽在美的。"6·18"逛京东，选购美的无风感智能空调，#焕新你的生活#评论带有美的产品的地铁站实拍图，抽取 3 位小伙伴，其有机会获得美的准备的惊喜好礼熊小美周边哟@京东电器。

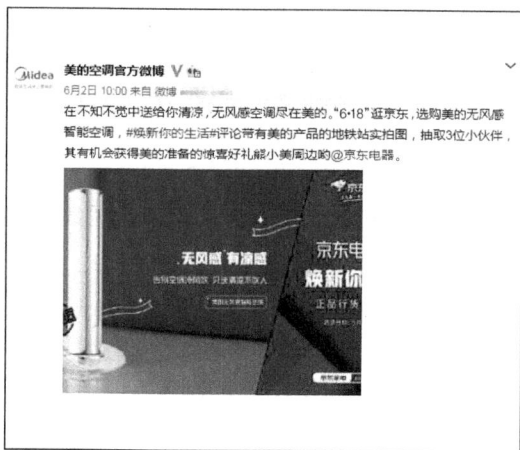

图 6-12　关联营销

电商文案创作者在写作关联营销文案时，要注意关联对象与文案之间的匹配度，可以通过描述关联对象的特点来进行联合，也可以通过修辞手法将某一事物的特点与另一事物关联起来，以达到意想不到的效果。但需注意，不同事物之间的联合一定不能生硬，必须确实存在某些共同的特征，这样才能引起消费者阅读的兴趣并博得消费者的好感。

4. 疑难解答

此类文案即选取与消费者工作、生活息息相关的话题或普遍面临的问题、疑虑来作为选题，并针对这些问题给予良好的解决办法。这类内容很容易引起消费者的关注，若方法行之有效，就可以得到消费者的关注与认可。

5. 其他内容

上新预告、内容分享、第三方反馈等文案也是短微博文案常见的表现形式，其写法比较简单。上新预告的内容要尽量直接，说清楚上新的时间、购买方式及互动方式等内容。

6.3.2　长文章推广文案写作

电商文案创作者不仅可以利用微博平台发布精简的短消息，还可以撰写字数较多的长文章。长文章即微博头条文章，如图 6-13 所示。它是微博平台的一个长文产品，包含标题、导语、正文、封面图等诸多元素。

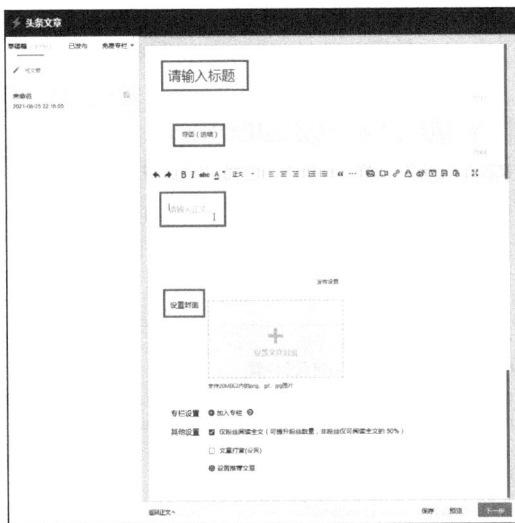

图6-13 头条文章

1. 封面图

在微博头条文章的编辑页面可看到，封面图可上传大小不超过 20MB 的格式为 JPG、GIF 和 PNG 的图片。封面图是对微博长文章内容的一个简要说明和体现，有创意和视觉冲击力强的图片可以快速吸引消费者关注，让消费者的注意力暂时留在封面上，并产生进一步阅读的欲望。同时，封面图也要体现出文章的主题，不能出现图片与文字不符的情况，或为了吸引消费者关注而故意设置夸张的封面图。

图 6-14 所示为封面图，它使用不同型号的手机商品作为展示，同时加上了文字内容，既直观又符合主题。

图6-14 封面图

2. 标题

微博长文章的标题应该尽量简练，最好能够快速吸引消费者的好奇心和阅读欲望，将能够提供给消费者的价值直接通过标题表达出来，让消费者可以快速确定自己对这篇长文章的内容是否感兴趣。

135

3. 导语

文章导语是以简要的文句突出最重要、最富有个性特点的事实，提示文章要旨，吸引消费者阅读全文的开头部分。其目的就是用最精炼、简短的句子把全文最精彩的部分呈现出来。

写导语时，电商文案创作者可以充分运用不同的表现手法，如对比、想象、反衬等，使导语更加好懂、好记，从而使消费者在对导语产生兴趣的基础上接受文章信息。

好的导语可以通过简短的描述快速体现文章概况，抓住消费者的注意力并使他们对正文内容产生好奇，进而对文章内容产生强烈的继续阅读的欲望，引导他们点击文章并阅读正文内容。导语如图6-15所示。

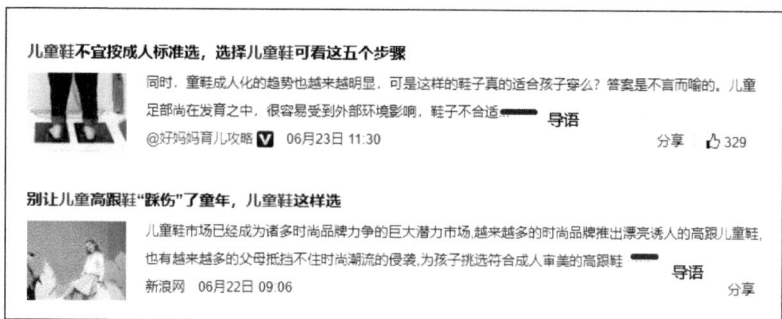

图6-15　导语

导语写作时可参考下面几点原则，以保证其对消费者产生吸引力。

（1）导语必须简明扼要、短小精悍。导语写作的最佳语法结构是主—谓—宾结构，尽量不使用结构复杂的句子。导语一般不要太长，微博长文章对导语的限制是44个字，注意不要超出其限制字数。

（2）导语的主要作用是引起消费者的阅读兴趣，如果不写导语，那么就应该把文章的开篇第一段当作导语来写。

（3）符合主题。导语是对文章正文内容的一个引导和抽象概括，它包含了文章的主要思想，因此要与文章的主题一致，不能为了吸引消费者关注而瞎编乱凑。

（4）导语必须创新，不能墨守成规、死守教条。导语部分必须视角独特、表达方式有新意。

小提示

微博长文章导语属于选填内容，电商文案创作者可根据实际需要选择不写。但导语是很重要的，电商文案创作者需要不断学习并进行实践，在前期可以多写，待掌握写作技巧并形成一定的风格后就能提高写作速度和增强展示效果。

---

4. 正文

长文章不同于短文字或图片，它通常需要消费者花费更多的时间和精力去阅读，而支持消费者阅读下去的动力，就是长文章的内容价值。电商文案创作者在写作微博长文章时需要针对目标人群的特点和喜好来进行选题和写作，这样才能激发消费者阅读和讨论的热情，达到真正的营销效果。电商文案创作者还可以在文章中插入商家的联系方式，如微信、公众号、二维码等，将消费者引流到其他平台。

6.3.3　微博话题营销文案写作

微博话题营销是指通过微博平台为商家或个人创造价值而执行的一种营销方式。微博话题营销以微博作为营销平台，每一位粉丝都是潜在的营销对象。商家或个人利用微博话题营销文案向粉丝推广商品或服务，树立良好的品牌形象，通过话题营销文案内容和粉丝交流互动，从而达到营销推广的目的。

微博热门话题有着巨大的曝光量，是微博营销的重要手段之一。话题是微博营销中非常重要的一大利器，以成对的井号"##"和文字组成，如#购房实用小技巧#、#随手拍北京蓝天#、#学英语的重要性#、#生活这一刻#。"#"内的关键词即为话题词。

> **小提示**
>
> 　　每个话题都有自己的专题页面，消费者单击话题即可进入话题页面查看讨论内容。同时，专题页面也会自动收录微博用户发布的带有该话题词的相关微博。

康师傅的微博话题#康师傅征招马拉松锦鲤#引发了广大用户的兴趣，许多用户积极转发。马拉松体育运动让人们更加关注自己的健康问题，而其接地气的特点无疑又构成了这一话题的群众基础，推动该话题深入发酵。#康师傅征招马拉松锦鲤#话题营销如图6-16所示。康师傅通过用户的评论和转发获得了大量的流量。康师傅正是看中了微博平台，看准了用户的需求和用户的特点，通过话题营销文案给自己的品牌和产品做了很好的宣传。

图6-16　#康师傅征招马拉松锦鲤#话题营销

微博话题营销的针对性是相对较强的。用户只有感兴趣才会关注，所以大部分关注的用户都是潜在消费者。微博话题营销文案的写作要求如下。

1．预知潜在的热门话题

电商文案创作者要预知潜在的热门话题。这就要求电商文案创作者平时多看新闻，并注意提炼关键词，将关键词作为微博话题。所以，出现了新的关键词时，电商文案创作者可以先看看是否有这个关键词的微博话题；如果没有，就可以在微博上申请成为相应的话题主持人，这个话题可能就会成为微博热门话题。

2. 发布的话题内容要有吸引力

话题内容要能够引起消费者的传播与讨论，让消费者参与到话题活动中。带话题转发、参与话题讨论可以提高话题的热度，使话题的覆盖范围更加广泛。要想增加话题的吸引力，电商文案创作者可在话题中添加一些时下流行的词语。

设置有争议性的话题能够引发消费者的情绪站队，有争议性的话题还能够引起消费者讨论，从而更加容易成为热门话题。

3. 发布的话题内容要有特色

如今的话题越来越多，话题重复性高，要想和别的企业或个人区别开来，电商文案创作者不妨好好思考一下在借势之外如何去制造能够吸引消费者关注的话题。

4. 申请主持人打造话题

消费者自己建立话题能够让选题更广，话题的生产效率也会更高，能够提高话题的参与度。微博话题可以申请主持人，主持人对话题具有部分管理权限，可以对话题进行编辑、更换话题头像、编辑话题简介，还可以发文以引起关注和讨论，推荐优秀的话题微博，提高信息的传播度和影响力。主持人可以不断地刷新话题的内容或者邀请一些人先来参与，等热度起来后，话题自然就会吸引更多的人关注。

5. 注重互动

互动是提高话题热度和参与度的重要方式，互动可以是转发抽奖活动、送小礼品等。这样，话题会吸引更多人的关注，并且可以达到一传十、十传百的效果。电商文案创作者在进行互动的同时可以建立一个粉丝群，同样可以在粉丝群里开展一些活动，以提高粉丝的活跃度。

🛎 任务实训——撰写护肤品微博营销文案

✍ 实训目标

为了帮助读者更好地掌握微博营销文案写作的方法和技巧，下面通过创作一篇护肤品的微博营销文案来加深读者的认识和理解。

✍ 实训内容

（1）在微博中搜集相关的资料，将资料进行对比和分析后确定本文案的写作方向。

（2）根据护肤品的相关卖点创作文案内容，在内容中关联一些微博名人、热点事件和美妆"达人"。

（3）写作抽奖类短微博文案。抽奖类短微博文案主要是通过奖励来激发微博用户参与微博的转发、评论和点赞。

（4）掌握微博长文章的写法。文中配图可使用店铺的主推商品图片，以此作为展示商品并吸引用户的手段。

（5）掌握在文章中植入品牌或企业信息的方法。

实训练习

写作短微博文案，写作活动推广话题文案，写作微博长文章并植入品牌或企业信息。

实训分析

随着电子商务与微博的快速发展，不管是世界知名的大企业，还是中小型企业和个人商家，都将目光转移到微博上来，如京东、天猫等电商平台，戴尔、索尼等品牌。不管是作为大企业的官方微博平台，还是作为个人商家的推广平台，微博都是目前流行的网络营销渠道。要掌握微博营销文案写作的方法和技巧。

知识巩固与技能训练

一、填空题

1. 微博营销文案在内容的编写上，可以同时包含_____、_____、_____3个要素。

2. _____符号是话题符号，其用法是在话题的前后各加一个_____符号。

3. 微博中的_____往往是一段时间内大多数人关注的焦点。电商文案创作者凭借话题的高关注度来进行商品或服务的宣传，可以使微博营销文案快速获得人们的关注。

4. _____经常出现在一些内容较多的微博营销文案中，它可以通过简短的描述快速体现文案的主要内容，吸引消费者的注意力。

二、选择题

1. （   ）指向某一个消费者，可以在很大程度上保证该消费者会阅读此内容。

A. @   B. #   C. 链接

2. （   ）是微博平台早期常用的活动形式，通常由博主发起问题并给出答案，人们可以评论和转发，较常用于活动主题、品牌知识的传播。

A. 游戏型   B. 问答型   C. 投票型

3. （   ）营销是指企业及时地抓住广受关注的事件以及有热度的名人等，结合企业展开的一系列相关活动，来提高企业或商品的知名度、美誉度，树立良好的品牌形象，并最终促成商品或服务销售的营销策略。

A. 话题   B. 悬念   C. 借势

4. （   ）是对微博长文章内容的一个简要说明和体现，有创意和视觉冲击力强的图片可以快速吸引消费者关注，使消费者产生进一步阅读的欲望。

A. 封面图   B. 标题   C. 导语

三、简答题

1. 微博营销文案应该具备哪些特点?
2. 微博营销文案的常见类型有哪些?
3. 微博营销文案的写作特点是怎样的?
4. 微博营销文案的活动形式有哪些?

四、技能实践题

练习写作一个长文章推广文案(见表6-1),包含封面图、标题、导语、正文。

表6-1 写作一个长文章推广文案

步骤	概述	详细操作步骤
第一步	封面图	选择与文案主题相关的封面图片
第二步	标题	应该尽量简练,提供商品的核心价值
第三步	导语	写出简明扼要、短小精悍的导语
第四步	正文	写出具体的活动促销信息、活动时间等

第7章 电商软文的策划与写作

电商软文营销是近年来许多电商品牌经常使用的一种营销策略，这种品牌推广的方式"润物细无声"，因此受到许多电商品牌的青睐。电商文案创作者要正确认识电商软文，在学习撰写技巧的同时也要注意相关事项。本章主要介绍软文概述、电商软文的撰写要求、电商软文的写作技巧、电商软文写作的注意事项。

【任务目标】

- ☐ 熟悉软文的定义、特点与基本类型。
- ☐ 掌握电商软文的撰写要求。
- ☐ 掌握电商软文的写作技巧。
- ☐ 掌握电商软文写作的注意事项。

案例链接

汉堡王"霸霸"套餐

如今，餐饮行业越来越火爆，很多餐饮品牌为了在快餐领域占据一席之地下足了功夫。汉堡王是全球大型连锁快餐企业，在全球 100 多个国家和地区经营着超过 17 000 家门店。汉堡王的营销非常独特。例如，2017 年的父亲节，汉堡王发布了一篇软文，具体如下。

> 人生欢呼的第一声"好 man 哦"
>
> 不是被壁咚
>
> 不是男友掏卡买买买
>
> 是有个男人餐桌上一句
>
> "爸爸只吃鱼头不吃鱼肉"
>
> 这个父亲节
>
> 为你们准备了三款"霸霸"套餐
>
> 购买含霸字的指定套餐
>
> 一律享受史无前例的霸气优惠
>
> 父爱总是带着不由分说的男子力
>
> 霸道 坚决 深沉如大海
>
> 他是人生中的第一位霸道总裁
>
> 他们过他们的父亲节
>
> 我们过我们的霸霸节

这是典型的情感类型软文，电商文案创作者在软文中融入了父爱，让软文更加吸引人。汉堡王的营销案例可谓数不胜数，有与对手的精彩"对决"，也有创意十足的策划。电商文案创作者要想学习这样出彩的营销手段，那汉堡王的软文营销无疑是重要的参考。而商家要想通过汉堡王这种高调的营销手段去征服消费者，必须有高质量的商品作为后盾。

7.1　软文概述

　　要想写作一篇完整的软文，首先应该弄清楚软文的一些基础知识，如软文的定义与特点、软文的基本类型。

7.1.1　软文的定义与特点

　　软文是指企业的市场策划人员或广告公司的文案人员负责撰写的"文字广告"。与硬广告相比，软文的精妙之处就在于一个"软"字。

　　软文是相对于硬广告而言的，它没有直接展示广告信息，仅仅将广告信息巧妙地融入软文文章，从而将广告信息潜移默化地灌输进消费者的脑海里。如今的广告信息太多太杂，消费者不喜欢硬性推销的广告，这种情况下，软文就出现了。软文营销越来越受到商家的青睐，那么软文到底有哪些特点呢?

　　1. 成本低

　　传统的硬广告费用昂贵，但是软文营销的成本低，其主要成本就是人力。一些中小型企业和创业型企业没有太多的资金和实力进行硬广告的投放，对他们而言，低传播成本的电商软文无疑是一个很好的选择。

　　2. 软文的实质其实是广告

　　软文的实质是广告，所以企业不论怎么策划和施行软文，都是为了宣传。

　　3. 高质量外链

　　很多人写软文时都会加上一些链接，而由于软文的高效性，这些文章就成了高质量外链。

　　4. 内容多媒体化

　　随着互联网技术的不断更新，软文呈现出多媒体化趋势，多采用图文结合的方式进行推广，同时还出现了添加了视频、音频等形式的软文。企业可以根据需要选择合适的推广策略、发布形式和信息内容等。围绕传播主题，电商文案创作者可以选择合适的软文类型和表达形式，使其既能彰显电商品牌独特的个性，又能精准定位目标消费者的兴趣，投其所好。

5. 增强口碑

好的软文可以给商家带来好的口碑，口碑营销也是一种重要的营销手段，随着时间的推移，消费者对商家的信任度会不断提高。商家推动口碑营销时需要做的事情有两件：一是找出简明的信息；二是扩散信息。这就需要在软文中增加一个有讨论性的话题。在软文写作中，电商文案创作者一旦找到了非凡的口碑点子，就要想出各种办法，使之易于扩散。

6. 效果数据化

互联网大数据使信息和数据愈加透明、公开，商家可以随时对广告数据进行监测。软文的效果如何，点击阅读的人群年龄如何，在哪个时间段阅读的人数最多，这些都可以通过后台数据进行实时监测。

7.1.2 软文的基本类型

根据主题、目的和内容的不同，软文的类型大致可以分为以下几种。

1. 消费者体验型

消费者体验型一般以消费者的真实体验来传播品牌或商品的优点、正面形象、商家实力、服务质量等。消费者体验型软文如图 7-1 所示，类似于消费者使用商品后的评论。这是很简单也很容易让消费者信任的软文类型。

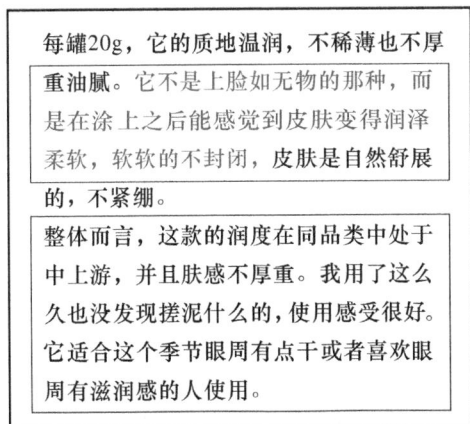

> 每罐20g，它的质地温润，不稀薄也不厚重油腻。它不是上脸如无物的那种，而是在涂上之后能感觉到皮肤变得润泽柔软，软软的不封闭，皮肤是自然舒展的，不紧绷。
>
> 整体而言，这款的润度在同品类中处于中上游，并且肤感不厚重。我用了这么久也没发现搓泥什么的，使用感受很好。它适合这个季节眼周有点干或者喜欢眼周有滋润感的人使用。

图 7-1　消费者体验型软文

2. 科普型

科普型软文是指科学地对商品进行宣传或介绍，让消费者了解并熟悉商品所蕴含的科技价值，进而接受它。这种类型的软文尤其适用于新品上市或某项新技术刚刚面世时，需要用较长的软文来对该技术进行普及推广的情况。

3. 专访型

专访型软文主要采用访谈录等形式，访谈企业创始人的成长经历、创业过程、管理思想等，并将其作为软文的内容。当然，采用此方法的前提是所采访的对象达到了一定的高度或具有高知名度。人物专访我们见过很多，但真正能打动人心的很少，因为大部分内容都是"造"出来的。在这点上，褚橙有着天然强大且不可复制的故事内容基因，因为85岁高龄的褚时健就是这个品牌非常好的代言人。图7-2所示为专访型软文，它是以褚时健的故事写成的电商品牌推广软文。

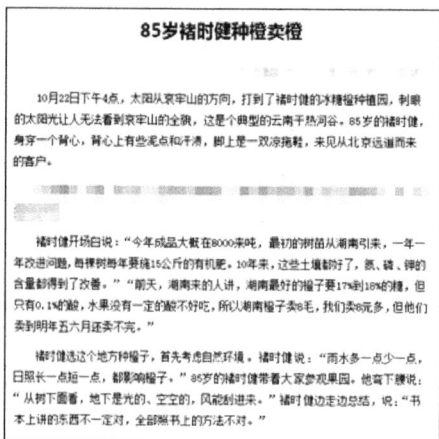

图7-2 专访型软文

4. 新闻报道型

新闻报道型软文具备权威性，通常直接介绍商家实力、品牌形象。这类软文以官方口吻报道，配合以官方媒体传播平台，能大大增强报道的真实性、权威性，从而有力提升品牌正面形象。图7-3所示为新闻报道型软文。

图7-3 新闻报道型软文

5. 促销型

促销型软文往往直接配合促销使用，即利用低价、时间紧迫等理由来激发消费者的购买欲望。如果是促销商品，促销型软文必须通过清晰的文字描述来加深消费者对商品的了解和理解，增强消费者对促销商品的信任，这样才能真正起到促销的作用。图 7-4 所示为促销型软文。

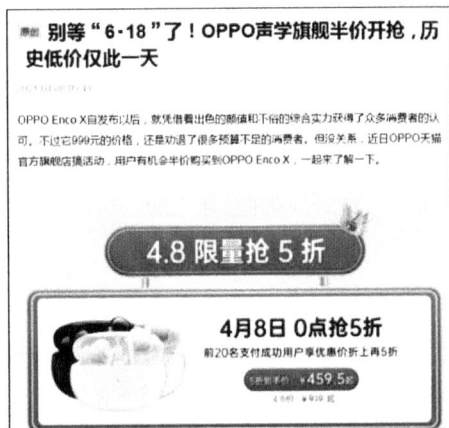

图 7-4　促销型软文

6. 利用热门事件型

电商文案创作者利用某些热门事件来创作软文时，需要拥有敏锐的洞察能力，找到此热门事件与自身商品的关联性。电商文案创作者可以利用热门事件来进行推广，安踏利用热门事件冬奥会推广软文如图 7-5 所示。

图 7-5　利用热门事件型软文

7.2 电商软文的撰写要求

电商软文已经成为不少电商品牌进行品牌推广宣传的重要方式，电商软文撰写有一定的要求和原则，主要包括以下几点。

1. 主题明确

电商文案创作者在撰写电商软文时主题要明确，精准地反映电商品牌的主要特点。主题的选取非常关键，主题单一且明确，才能强化电商软文的感染力。多主题的电商软文容易失去中心，降低对消费者的吸引力。

电商文案创作者要了解消费者对电商软文的接受过程，明确推广概念主题。电商软文只有主题明确，才能有的放矢，达到预期的广告效应。

> **小提示**
>
> 就文案形式而言，主题明确的文案具有一定的凝聚力，可以避免写作过于散漫而支撑不住文章观点。从文案影响效果来讲，主题鲜明的文案可以牢牢抓住消费者的注意力与思维，集中地论述中心思想，让人一眼就能明了文章内容，有利于讨论与传播。

电商软文的主题可以是商品质量、产地、价格、规格、材质、品牌、促销活动、服务、消费者的反馈等。图 7-6 所示为主题明确的电商软文，该软文首先用标题吸引了读者的注意力。

图 7-6　主题明确的电商软文

2. 定位精准

电商文案创作者在撰写电商软文时可以专门对某一类用户群体进行精准定位，根据消费者的阅读习惯、消费行为、兴趣爱好等撰写有针对性的电商软文。比如，明确所销售商品要定位的目标用户群体是哪些人，是男人还是女人，老人还是小孩。

电商文案创作者首先应明确用户群体，并对用户群体进行定位，然后再开始电商软文的写作。电商文案创作者如果想打造品牌，就要写出定位精准的电商软文，这样才能吸引用户。

小提示

如何通过定位用户来撰写电商软文呢？一是将用户进行分类，分析原有用户属性，找出忠实用户、核心用户、目标用户与潜在用户；二是利用数据管理平台进行用户行为数据收集，搭建并完善用户画像模型；三是寻找迫切需要信息的匹配人群，精准推送相应的营销广告或服务信息。

图 7-7 所示为针对中老年人羽绒服的电商软文，它从"用舒适保暖的衣服回馈父母的爱""一件又一件的衣服束缚了他们的行动"等角度入手，成功地吸引了老年人。

图 7-7 针对中老年人羽绒服的电商软文

3. 视角新颖

视角新颖是指电商文案创作者要开阔视野，多角度、多领域地发挥想象。视角新颖是电商软文发挥效用的根本所在，包括软文布局的新颖、构思的新颖、写作角度的新颖、语言风格的新颖……电商文案创作者只有不断地提高撰写电商软文的创新能力，才能写出视角新颖的好文章。

一篇电商软文是否成功，主要是看它能不能让消费者喜欢或得到转发，而这主要看电商文案创作者有没有站在消费者的角度想问题。

比如，某生态蔬菜公司的电商软文，就是采取一对情侣在微信中议论回女方家过年时，男方送什么礼物给未来的丈母娘的聊天截图形式。这样的"场景化"软营销很容易把消费者带入营销方早就设置好的思维圈内，从而实现营销目的。此时，这对情侣觉得为未来的丈母娘订某生态蔬菜公司的"蔬菜包月礼券"是更好的选择。

4. 生动有趣

电商软文要生动有趣。有些商品自带有一定的话题性，所以电商文案创作者在撰写电商软文时比较容易找到"槽点"；有些商品则不然，如一些科技类、商务类、财经类的商品，这时就需要通过电商软文赋予它一些趣味，让它显得有独特的创意。

7.3　电商软文的写作技巧

电商软文也是广告，所以也符合广告的一般特征，即切中消费者需求，给消费者传播知识。为了更好地打动消费者，电商软文的撰写要遵循一定的技巧。

7.3.1　从多角度撰写

从不同的角度撰写的电商软文会产生不一样的效果。电商软文的写作切入角度很多，包括品牌角度、商品角度、消费者口碑角度、第三方角度等。电商商家在进行品牌推广时，可以通过撰写不同角度的电商软文来达到吸引消费者、宣传推广品牌、促成销售的目的。

> ✏️ **知识点提问**
>
> 可以从哪些角度写作电商软文呢？

1. 品牌角度

电商软文营销的核心内容就是宣传企业的品牌信息。企业如果想在行业内占据一席之地，首先要做的就是塑造企业品牌、扩大知名度。电商软文可以从企业文化、品牌故事、企业发展历程、创始人等多个角度出发来构建企业品牌，尤其是可以宣传企业文化和品牌理念相关内容。图 7-8 所示为从品牌角度撰写的电商软文。

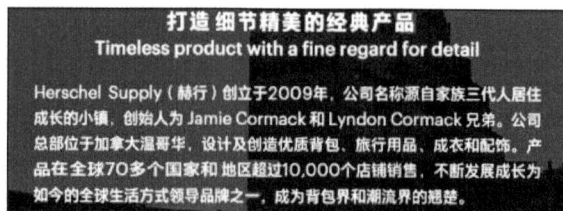

打造 细节精美的经典产品
Timeless product with a fine regard for detail

Herschel Supply（赫行）创立于2009年，公司名称源自家族三代人居住成长的小镇，创始人为 Jamie Cormack 和 Lyndon Cormack 兄弟。公司总部位于加拿大温哥华，设计和创造优质背包、旅行用品、成衣和配饰。产品在全球70多个国家和地区超过10,000个店铺销售，不断发展成长为如今的全球生活方式领导品牌之一，成为背包界和潮流界的翘楚。

图 7-8　从品牌角度撰写的电商软文

董明珠揭秘格力发展秘诀："创新是企业的源动力"

董明珠说："今天的格力在自主创新上是领先的，我们平均每天有 37 项专利问世，很多研发成果都是独创的。当下中国缺的不是产品而是品牌，我们想要走向世界，一个格力远远不够。创新是永恒的话题，只有挑战过的人，回头看的时候才不会后悔。"

"即使我们站在了山顶，我们的头顶还有星空。"正是基于这种不断追求创新的意识，格力自觉承担起了助力中国制造业转型升级的责任。在技术研发层面，格力立足用户需求，坚持通过自主创新研发关键核心技术，以技术创新解决用户最关心的问题，引领行业发展。据悉，截至 2018 年，格力已申请国内专利 50360 项，在 2018 年国家知识产权局排行榜中，格力电器排名全国第六，家电行业第一。

2. 商品角度

企业借助电商软文进行营销的目的就是促进商品销售，好的商品质量是企业实力的代表。好的电商软文宣传不仅可以完成对消费者的商品信息普及，还能直接提高商品的销售额，从而让企业受益。电商软文全方位解读商品时，可以从商品功效、使用方法等多方面出发，拒绝枯燥单一的内容。图 7-9 所示为从商品角度撰写的电商软文。

图 7-9　从商品角度撰写的电商软文

3. 消费者口碑角度

现在的企业和消费者都很在意商品口碑，所以企业更应该注重提升商品的使用体验和写作口碑软文，这样才会有不错的宣传效果。图 7-10 所示为从消费者口碑角度撰写的电商软文。

4. 第三方角度

百度文库如今几乎代替了过去的传统媒体，很多资料都可以在百度文库中查阅到。所以，企业可以通过第三方角度切入电商软文宣传，在大量干货内容分享中穿插少量广告，这样既能避免消费者产生抵触心理，又能增加广告信息的可信度。

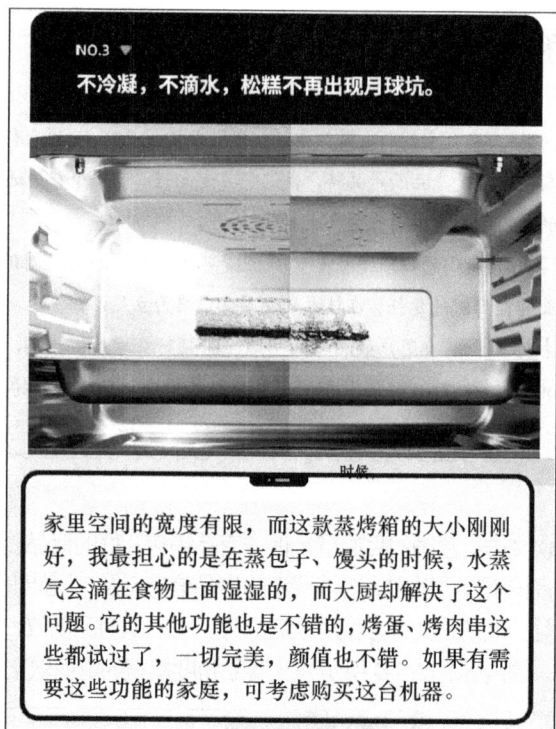

图 7-10　从消费者口碑角度撰写的电商软文

7.3.2　用情感诉求打动消费者

电商软文虽然越来越被电商品牌所认可，但真正能打动人心的电商软文并不是很多。在类型众多的电商软文中，情感表达尤其重要，文案内容要让消费者产生共鸣。电商软文要能抓住消费者情感上的弱点，激发他们的情感，如亲情、爱情、友情、乡情、爱国情……当电商软文描述的情感诉求点与消费者的情感相契合时，有类似经历的消费者就会感同身受并愿意主动转发传播电商软文。图 7-11 所示为用情感诉求打动消费者的电商软文。

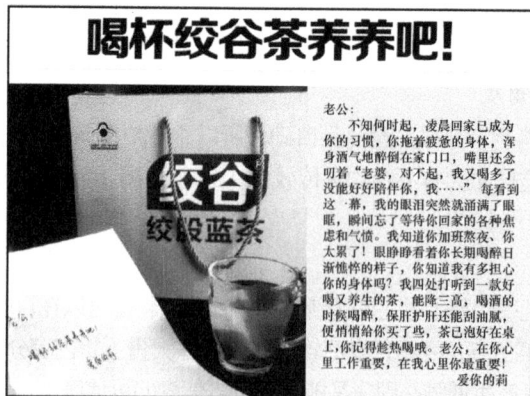

图 7-11　用情感诉求打动消费者的电商软文

知识点提问

情感从哪里挖掘呢？

情感电商软文最大的特色就是打动人，容易走进消费者的内心。电商文案创作者所撰写的软文内容如果能做到这一点，就很有可能打动消费者。那么情感该从哪里挖掘呢？主要有4个挖掘点——需求、友情、亲情、爱情。

7.3.3 写作语言通俗化

一篇好的电商软文一定是能被人轻松阅读并理解的，语言的通俗化就是要照顾到大多数阅读者的理解能力。电商软文的阅读者是普通的消费者，因而文章内容要拒绝华丽辞藻的修饰，拒绝连篇累牍的描述，将思想和灵感通俗化，以便拉近和消费者的距离，照顾到大多数阅读者的理解能力。如何做到语言通俗？就是要尽量长话短说，避免使用华丽的辞藻，用消费者熟悉的生活元素去说道理。

图 7-12 所示为写作语言通俗化的电商软文，它是格力电器公众号发布的一篇软文，仔细阅读后你会发现，这篇软文的写作语言十分通俗易懂。它采用漫画的形式，文中家人间的对话让消费者觉得亲切、好笑，无形中使消费者了解了该款冰箱的宣传点。

图 7-12　写作语言通俗化的电商软文

7.3.4 满足消费者需求

一篇好的电商软文要使消费者感受到商品的价值,所以电商文案创作者在策划撰写电商软文时要从满足消费者需求的角度出发,在电商软文中体现出商品的功能价值和品牌价值。

消费者购买某个商品通常是为了满足生活、工作、学习中的某项需求,电商文案创作者要尽量突出商品最具优势的价值。图7-13所示为满足消费者需求的电商软文,它是售卖松茸的一篇电商软文,该软文满足了消费者的需求。松茸本身作为一种高档食材,并不被普通消费者所熟悉,此时,让消费者了解并且购买它,就是电商文案创作者撰写电商软文所要达到的目的。这篇电商软文介绍了松茸的产地,并用多段文字彰显了它的稀缺珍贵,让大家真正了解松茸食材。这就充分满足了消费者获取知识、解除疑惑的需求。

图 7-13 满足消费者需求的电商软文

7.3.5 电商软文写作时的视角选择

电商软文能否受消费者欢迎,能否真正助营销一臂之力,关键就在于其是否有足够的创意;而决定电商软文创意的往往就是写作视角,即角度决定创意。电商软文的写作视角一般分为三个类型:物的视角、人的视角和第三者视角。

在构思电商软文时,电商文案创作者可以着重从人、物、第三者三个方面去考虑,当然更需要结合企业的实际、商品的特征及消费者的需求进行构思。

(1)一般情况下,一些大品牌的商品或一些土特产等比较具有特色。电商文案创作者首先选择"物"的视角,也就是围绕商品本身去写,如突出商品的产地、特色、价格、品牌及其他优势等。这样写的目的就是突出这个商品和其他同类型商品的与众不同,通过宣传商品让消费者知道该商品的优势。

(2)以提供服务为主,或者带有较强体验性的商品,如旅游服务、机票服务、酒店餐饮服务、购物等,可以从人的视角出发,着重从消费者层面去写。以人为中心的写作角度很容易打动消费者,能鼓励消费者参与其中并带动消费。

(3)还可以找到一个更为客观的第三者角度来写,从而客观反映商品的优势和缺点,让消费者产生消费的冲动。

7.4 电商软文写作的注意事项

电商文案创作者掌握了电商软文的写作方法，并不意味着写出的电商软文就一定能促使消费者做出购买行动。电商软文在撰写和发布过程中有一些误区和禁忌，电商文案创作者和商家一定要注意避开。

7.4.1 电商软文写作的误区

电商软文写作的目的是提升品牌知名度以促进销售，但是在实际执行当中，电商文案创作者可能会走入误区，致使电商软文营销的效果大打折扣。

1. 以为电商软文写作就是发软文

部分电商文案创作者以为电商软文写作就是把软文发布到媒体上，发软文有媒体资源就可以做到，但是电商软文写作远远不止这些。成功的电商软文写作需要有整体的策划，电商文案创作者应根据商品的行业背景和商品特点策划电商软文写作方案。

2. 硬植入广告

部分电商文案创作者在电商软文中生硬地植入广告。例如，在文章的开头或结尾硬生生地把广告植入其中。这样的电商软文让人一看便知道是广告，大大地降低了读者继续读下去的欲望。

3. 没有重点

电商软文文案如果没有重点，浪费的不仅仅是金钱，还会使商家丧失开展电商软文营销的信心和耐心。

4. 想起来才去做

对于电商软文营销推广，电商文案创作者不能有时一天写好多篇电商软文，有时几个月才写一篇，或者只有在工作不忙的时候想起来才写几篇。

5. 没有耐心和坚持的勇气

有的商家想在一周内就把自己的品牌塑造出来，但电商软文营销基本不可能有这个能力。电商软文营销需要一个沉淀和积累的过程，如果短期内要求通过电商软文实现大幅提升销售业绩，这种可能性比较小。

6. 恶意诋毁竞争对手

同行之间，尽管是竞争对手，也要合理、合法地竞争，在电商软文中诋毁竞争对手虽然可能得到一时的利益，却并不会长久。

7.4.2 电商软文写作的禁忌

电商软文营销作为商家最常使用的营销方法之一，它可以提升商家的品牌形象和知名度，在一定程度上也能够提高商品的销量。但是电商文案创作者撰写电商软文的时候也需要注意以下禁忌。

1. 忌篇幅过长过多

如今的生活节奏快，消费者看到大篇幅的文字就头疼，即使阅读也很难读完整篇内容，更何况是让其读广告了。所以，电商软文要短小精悍、言简意赅，让消费者很快就能了解整篇内容。为了做到这一点，电商软文要尽可能言简意赅，长篇段落要分清主次并划分几个小段，这样消费者自然容易产生阅读兴趣。

2. 忌脱离中心思想

一篇营销类电商软文不能仅仅是商品信息的堆砌，而是应该有一个中心思想，并将营销的主题恰到好处地隐藏在电商软文的中心思想中，然后围绕中心思想撰写，最终形成一篇可读性较强的电商软文。

3. 忌忽视标题

消费者决定是否阅读具体内容，主要是由标题好坏决定的。标题是整篇电商软文的点睛之笔，所以，电商文案创作者要在标题上下足功夫。

4. 忌无规划

电商文案创作者在展开电商软文营销工作之前就要明确软文推广的目的，是想塑造品牌？利用新闻造势？还是销售更多的商品？这些都应该事先明确。电商文案创作者一旦明确了目的，就要逐步落实到位，否则就是在做无用功。

🤔 **小提示**

一个合理的电商软文推广规划，必须要在推广之前确立推广的媒体平台数量、推广的周期长短、电商软文发布的媒体特征等，这些都是规划推广战略中不可缺少的内容。合理的规划推广能让电商软文按照计划传播，实现超越预期的营销效果。

5. 忌一成不变

在电商软文推广的过程中，消费者需要的电商软文往往不止一篇，电商文案创作者需要有一个系统化的、完善的推广规划。在长期的推广过程中，消费者需要的电商软文篇数较多，而电商软文缺乏新意、一成不变是一大禁忌。

6. 忌拖泥带水

消费者看电商软文广告时通常没有什么耐心，电商文案创作者如果不能在几行字之内吸引消费者的注意力，后面的内容即使再精彩也毫无意义。因此，电商软文写作要避免像写流水账一样，语言要精练，前后要呼应，使其浑然一体。

7. 忌知己不知彼

电商文案创作者通常会对所要宣讲的商品做深入系统的研究，这样做的确是写出有血有肉的好的电商软文的一个重要因素，但电商文案创作者往往因此忽视了另外一个重要因素——对市场情况的调查研究。

电商文案创作者需要先把握好市场的热点，分析消费者的行为特点并抓住消费者最关注的内容，了解消费者能够接受哪种传播方式，然后根据这些特征做出相应的推广策略。

8. 忌不考虑可接受性

电商软文的目的在于引导、说服与感动消费者，推动消费者产生购买行为。因此，电商文案创作者要充分考虑电商软文对于消费者的"可接受性"。也就是说，电商软文一定要给消费者一种"可信度"，切忌过分夸大与拔高，切忌把电商软文写成硬广告，引起消费者怀疑甚至反感。

任务实训——撰写沙发商品电商软文

实训目标

为了帮助读者进一步了解电商软文的相关知识，下面进行本章的实训练习。

实训内容

写作一篇沙发商品的电商软文，具体要求包括以下几项。

（1）电商软文的主题要明确。电商软文的主题可以采用促销活动信息。

（2）电商软文的定位要精准。首先要分析用户群体，对用户群体进行定位，找出忠实用户、核心用户、目标用户与潜在用户。

（3）从多角度写作。我们可以从品牌角度、商品角度、消费者口碑角度、第三方角度等不同角度来撰写电商软文。

实训练习

收集网络传播力度较大的电商软文，分析这些电商软文的主题、定位有什么特点，它们是从什么角度来撰写的，策划并写作沙发商品电商软文。

实训分析

如何让电商软文在言之有物的同时又不像说明书一样古板？我们可以从下面几个步骤入手。

（1）商品定位。商品定位是指企业提供什么样的商品及服务来满足目标消费者的需求。例如，很多女性购买防晒霜的需求是防止变黑。

（2）商品功能。消费者会购买商品，是因为商品的功能能够满足他们的需求。一般来说，优秀的电商软文在描述商品时须符合这些特点。

第一，用词准确简单。

第二，尽量避免使用抽象、专业的词语。

第三，讲清商品所带来的利益点。

（3）使用场景。使用场景即通过不同的需求场景来展现商品功能的使用，从而让消费者相信该商品的确能满足自身需求。使用场景主要分为两类：一类是如果有了该商品，将会怎样；一类是如果没有该商品，将会怎样。

电商文案创作者在描述使用场景时，最重要的是让消费者产生代入感。什么样的电商软文才能让消费者产生代入感呢？那一定是有丰富细节的电商软文。细节丰富，消费者在脑海中才能自动勾勒出越清晰的画面，产生的代入感才会越强。

知识巩固与技能训练

一、填空题

1. 软文是相对于_____而言的，它没有直接展示广告信息，仅仅将广告信息巧妙地融入软文文章，从而将广告信息潜移默化地灌输进消费者的脑海里。

2. _____一般以消费者的真实体验来传播品牌或商品的优点、正面形象、商家实力、服务质量等。

3. _____是指电商文案创作者要开阔视野，多角度、多领域地发挥想象。

4. 电商软文的写作切入角度很多，包括_____、_____、_____、_____等。

5. 电商软文营销的核心内容就是宣传企业的_____。企业如果想在行业内占据一席之地，首先要做的就是塑造企业品牌、扩大知名度。

二、选择题

1. （   ）软文是指科学地对商品进行宣传或介绍，让消费者了解并熟悉商品所蕴含的科技价值，进而接受它。

　　A. 科普型　　　　　　　　B. 消费者体验型　　　　　　C. 新闻报道型

2. （   ）软文主要采用访谈录等形式，访谈企业创始人的成长经历、创业过程、管理思想等，并将其作为软文的内容。

　　A. 促销型　　　　　　　　B. 专访型　　　　　　　　　C. 利用热门事件型

3. 企业借助电商软文进行营销的目的就是促进（   ），好的商品质量是企业实力的代表。

　　A. 商品销售　　　　　　　B. 企业宣传　　　　　　　　C. 口碑营销

4. 以提供服务为主，或者带有较强体验性的商品，如旅游服务、机票服务、酒店餐饮服务、购物等，可以从（   ）的视角出发，着重从消费者层面去写。

　　A. 第三者　　　　　　　　B. 物　　　　　　　　　　　C. 人

三、简答题

1. 软文的特点有哪些？
2. 软文的基本类型有哪些？
3. 怎样写出主题明确的电商软文？
4. 撰写电商软文的角度有哪些？

电子商务文案策划与写作·理论、案例与实训（微课版）

四、技能实践题

分别从物、人、第三者三个方面去考虑，撰写一篇护肤品的电商软文（见表7-1）。

表7-1　撰写一篇护肤品的电商软文

步骤	概述	详细操作步骤
第一步	选择物的视角	首先选择物的视角，也就是围绕商品本身去写，如商品的产地、特色、价格、品牌以及其他优势等
第二步	选择人的视角	从人的视角出发，着重从消费者层面去写，如旅游、机票、酒店餐饮、购物等
第三步	选择第三者角度	以第三者角度去写，客观地反映商品的优势和缺点，让消费者产生消费的冲动

第8章 其他电商文案的策划与写作

在网络时代，新媒体平台已经成为电商商家重要的品牌和商品推广平台，甚至成了主要的营销宣传渠道。因为对于电商商家来说，消费者所带来的流量和转化率就是其生存的基础，而以短视频、直播、社群为代表的新媒体平台中就存在大量的潜在消费者。在这些平台中策划和写作电商文案，会为电商商家带来相当数量的消费者。本章介绍其他电商文案的策划与写作，包括新媒体文案写作、短视频与直播文案写作、社群推广文案写作。

【任务目标】

☑ 掌握新媒体文案的定义、特点、类型和写作形式。
☑ 掌握短视频与直播文案的写作技巧。
☑ 掌握社群推广文案写作的技巧。

案例链接

某主播的特色短视频

从 2016 年开始，短视频开始全面发力，大批专业人士纷纷进入短视频领域。此时，短视频不但在内部完成了题材多元化的转型，更在外部完成了传播渠道的改弦更张。经过多年的发展，今天的短视频早已从新媒体发布内容的陪衬变成了主角。

短视频在互联网行业的火热，引起了很多有识之士的关注。很多精通短视频技术和短视频内容策划的专业人士纷纷投入短视频内容制作的创业大潮中，并在短短几年时间里凭借自身的努力和行业的契机迅速成为新媒体行业的新星。

短视频的火爆程度不仅超出了预期，而且向整个新兴经济领域扩展。除了这些"科班出身"的专业人士，一些非科班出身的创业者也纷纷加入短视频的创作大军中，其中的一位佼佼者便是某主播。

2015 年，某主播开设了淘宝店铺。为了推广自己的淘宝店铺，她开始自导自演古风美食视频，并将其上传到短视频平台。但淘宝店铺的生意并没有好转，反而是这些古风美食视频受到了消费者的欢迎。后来，该主播直接关闭了淘宝店铺，开始专心拍视频。现在，该主播凭借极具田园意境的短视频作品成功突围，成为短视频领域的佼佼者。

该主播的短视频主要展现带有古风色彩的田园式生活，其内容定位是古风美食制作和中国传统技艺制作，如造纸术、活字印刷术等。其短视频内容定位精准、充满个性。该主播发布的美食类短视频带有强烈的古风色彩，视频中展现的场景多是中国传统乡村生活，制作美食使用的食材都是从菜地里采摘的，使用的炊具也带有古风色彩，整个视频画面充满浓郁的烟火味道和恬静的田园气息。

该主播创建了品牌"×××"，并在天猫上开设了"×××旗舰店"，通过电商平台实现商业变现。庞大的粉丝量和视频浏览量是该主播实现商业变现的基石，"×××旗舰店"中的商品大多有着可观的销量。

值得注意的是，在新媒体领域为人所津津乐道的"网络红人"，也大多得益于短视频的兴起。他们正是通过创作优质、专业的短视频，才在各类新媒体平台上获得了大量粉丝。

思考与讨论

1. 短视频营销的优势是什么？
2. 怎样才能写出好的短视频文案？

8.1 新媒体文案写作

如今，新媒体平台的用户人群与日俱增，已经成为网络上一个巨大的潜在用户来源，摆在电商文案创作者面前的一个重要问题就是如何通过创作新媒体文案来获得这些用户。下面介绍新媒体文案写作的相关知识。

8.1.1 新媒体文案的定义

新媒体文案与网站文案有很多相似之处，但也有很多不同的地方。新媒体文案主要基于新型的媒体平台，重点输出广告内容和创意。新媒体文案的作用就是把要传播的信息进行设计，使其更容易被人理解，更容易在诸多的信息中被人发现和记住，甚至被再次传播。

新媒体文案写作的侧重点在文字上，对电商文案创作者的文字功底有一定的要求。撰写新媒体文案看似简单，其实对电商文案创作者的创造力、营销能力、对消费者需求的洞察能力也有一定的要求。

从文案写作的角度来看，新媒体文案的产生需要从传统媒体进化到新媒体；从文案产生的价值来看，新媒体文案不仅具有普通文案所具有的品牌价值，还具有传播价值。新媒体文案通常需要体现出品牌的核心价值，这个核心价值可以由商品或服务的功能和属性来决定，并为品牌的定位提供内涵说明。

8.1.2 新媒体文案的特点

新媒体文案除了具备一些与网站文案相同的共性特点，如发布成本较低、传播渠道多样等，也具有一些独特之处，下面分别进行介绍。

知识点提问

新媒体文案有哪些主要特点？

1. 更具个性化

新媒体平台的特点就是每个人都可以成为信息的发布者，其传播内容与传播形式等完全是以个人喜好来决定的。新媒体平台可以为每一位用户提供文案分享和传播的渠道。电商文案创作者能根据品牌和商品的用户群体定位创作出个性化的新媒体文案来满足用户的需求，以此来吸引志同道合的用户，并将这些用户发展成为信息的二次传播者。

2. 具有强大的互动能力

在新媒体时代，信息传播的渠道多元化，受众可以自主地参与到传播系统中，交互性较强。电商文案创作者可借助新媒体平台与用户进行实时互动，而新媒体文案作为营销推广的载体，同样具有互动性强的特点。

3. 短、平、快

新媒体行业对文案的要求较传统行业更为平民化，更短、平、快。

"短"指新媒体文案能短则短，这样能够快速吸引受众的注意力，并将最核心的信息表达出来。

"平"指平实、亲近，电商文案创作者要通过最平实亲近的新媒体文案与目标人群进行有效的沟通。

"快"指传播快速，并且电商文案创作者写作新媒体文案的反应也需要快速，如跟进网络热点事件快速产出。

4. 传播内容多元化

新媒体平台支持多种文件格式，电商文案创作者可以将文字、图片、声音、视频等添加到新媒体文案中，让发布的信息内容更生动形象，容易让用户产生身临其境的感觉。

5. 目标人群更精准

每一个新媒体平台都拥有特征明显的用户群体，针对不同的用户目标人群发布的新媒体文案更容易被其接受并传播。

8.1.3 新媒体文案的类型

新媒体文案的价值通常在于传递电商品牌和商品的价值信息，让消费者了解品牌和商品，为电商商家后续的市场推广、商品销售等创造良好的环境。

新媒体文案按照不同的分类方式，有以下常见的文案类型。

1. 按广告目的可分为销售文案和传播文案

销售文案即能够立刻带来销量的文案。它是介绍商品信息的文案，是为了增加销量而做的引流广告。图8-1所示是销售文案。销售文案需要能够立即打动消费者，并促使消费者立即行动。

传播文案是为了扩大品牌影响力而写作的文案，如企业的形象广告、节假日的情怀营销。传播文案要能够引起消费者共鸣，并吸引消费者自主自发地去传播。

图8-1 销售文案

2. 按照篇幅的长短可分为长文案和短文案

长文案一般在1000字以上，需要构建强大的情感场景。价格昂贵、顾客决策成本比较高的行业，通常需要用长文案，如汽车、珠宝等行业。

短文案一般在1000字以内，需要快速展现核心信息。价格较低、顾客决策成本较低的行业，一般用短文案。

3. 按广告植入方式可分为软广告和硬广告

软广告和硬广告的差别在于，软广告并不直接说明是广告，而是具有隐藏性；硬广告也就是纯广告，不掺杂于其他主体中。

软广告是指企业将商品或品牌信息融入新闻宣传、公益活动、网络视频等传播活动中，使受众在接触这些信息的同时，不自觉地也接受了广告信息。软广告具有目的多样性、内容植入性、传播巧妙性等特点。

硬广告是指企业或品牌把纯粹的、带有商品或品牌信息的内容直接、强制地向受众宣传。其特点是目的单一性、传播直接性和接受强制性。

4. 按平台不同分类

新媒体文案可以在多种新媒体平台中发布，我们可以按照不同的平台对新媒体文案进行分类。目前常见的新媒体平台有今日头条、直播平台、短视频平台等。

（1）今日头条推广文案

随着今日头条的火爆，以及开放的内容创作与分发平台——"头条号"的推出，电商文案创作者只要写好文章就可以通过平台获得推荐，消费者也能够更容易看到自己喜欢的内容。图8-2所示为今日头条推广文案。

图8-2　今日头条推广文案

今日头条可以快速为消费者推荐有价值的、个性化的信息，是目前备受电商营销推广人员青睐的推广渠道。在今日头条平台推广的文案能否吸引消费者的关注、打动消费者，是检验该文案营销推广效果好坏的关键。

（2）直播平台推广文案

　　直播可直接呈现事件的完整过程,让信息来源更真实、可靠。直播使内容更加真实,相较于传统的文字、图片信息,其可信度大大增加。

　　商家利用直播可以获得巨大的曝光量,实现更大的商业盈利。网络直播的互动性非常强,电商商家可通过该平台随时随地与消费者进行最直接的交流,它是目前新媒体中热门的传播形式之一。

　　在直播过程中,主播介绍内容以及与消费者进行互动等都是通过语言完成的,这些语言表达的内容也就构成了直播平台推广文案的主要内容。图8-3 所示为直播展示,主播要在直播间卖羽绒服,就需要知道羽绒服是什么材料的,适合多高多重的人穿,适合在什么场合穿,可以搭配什么裤子等。这些都需要主播试过后才能得出结论,主播在直播间根据实际试用感受向观众、粉丝推荐商品时,才会更有说服力。

图8-3　直播展示

电子商务文案策划与写作：理论、案例与实训（微课版）

（3）短视频平台推广文案

短视频适合在碎片化的时间观看，由于信息量集中，其越来越吸引消费者。随着快手、好看视频、多闪、抖音、西瓜视频的走红，短视频迎来了大爆发。有趣、有内容的短视频更加受消费者的欢迎。商家将商品巧妙植入其中，既不尴尬也不生硬，还能为商品带来一定的曝光甚至提高转化率。图8-4所示为在短视频中植入商品。

图8-4　在短视频中植入商品

8.1.4　新媒体文案常用的写作形式

好的新媒体文案能吸引更多的消费者。那么，怎么样才能写出好的新媒体文案呢？要想写出好的新媒体文案，电商文案创作者需要掌握以下新媒体文案常用的写作形式。

1. 逆向思维法

所谓逆向思维，就是反其道而行，从对立的方向去思考问题，从而找到全新的思维，解决眼前的困境。电商文案创作者也可以运用逆向思维法，写出让人眼前一亮的创意文案。使用逆向思维法写作的新媒体文案能制造更强烈的冲突感受，在增强消费者对品牌和商品认知的同时，借由这个冲突形成消费者的记忆点。图 8-5 所示为京东金融的逆向思维文案。

这个时代，每个人都渴望成功，然而京东金融却逆向思考，拍摄了一段视频广告，告诉大家"你不必'成功'"。这段视频广告一出，就在广告圈疯狂传播，大家都对京东金融这一反常态的文案产生了共鸣。

由此可见，逆向思维法不仅仅能解决生活中的难题，运用到新媒体文案中，它还能帮助电商文案创作者找到新的创作思路。

图 8-5　京东金融的逆向思维文案

> **小提示**
>
> 运用逆向思维法写作新媒体文案通常有以下几种方式。
>
> （1）通过优势特性的反面表达进行反转。
>
> （2）通过其他方面的负面表达进行反转。
>
> （3）通过无伤大雅的"自黑"来体现商品优势。
>
> （4）寻找反义词，这是运用逆向思维法的入门级的方法。
>
> （5）利用反差对比来让用户看得非常过瘾，引发他们的好奇心。比如"每天吃辣到上火，就是不长痘""如何管理上司"等，这种反差让原本平淡的陈述变得转折不断，出乎意料而又在情理之中。

2. 独特创意式写法

独特创意式写法是通过创新思维来挖掘和激活资源组合方式，以提升资源原价值的方法。它既是一种个性化的思维方法，也是对生活的总结与阐释。一个精彩的创意文案不仅能给消费者以深刻的印象，还能让他们记住整个文案的细节。创意文案不应该只是模仿，还应该新颖、独特，这样才能从众多新媒体文案中脱颖而出。

3. 层层递进式写法

层层递进式写法是指写作新媒体文案必须要逻辑清晰、层层递进、环环相扣，从小到大一步步地进行，每一层都有能吸引消费者的内容。文案层层递进，把消费者的情绪给调动起来，这样才能激起消费者的购买欲望，让其越看越想买。

在五四青年节之际，bilibili 推出了献给新一代的演讲《后浪》，发起了两代人之间的对话并成功"刷屏"，成为爆款级作品。该文案层层递进，情感饱满，其文案句式还被麦当劳和蒙牛争相模仿，足以见得其影响力之大。不仅如此，"后浪"一词还成为年轻一代的代名词。

《后浪》文案精选如下。

我看着你们，满怀羡慕

科技繁荣、文化繁茂、城市繁华

你们生长在一个无数前辈梦寐以求的时代

一个精神抖擞的时代

一个仓廪足，而兴礼仪的时代

我看着你们，满怀自豪

你们把传统的变成更现代的

把经典的变成更流行的

把学术的变成更大众的

把民族的变成更世界的

你们把自己的热爱

变成了和成千上万的人

分享快乐的事业

我看着你们，满怀感激

因为看着你们，我们就不会疲倦

看着你们在阳光下奔跑的样子

我们对自己说：

得加油啊，别被这些小年轻，轻易超过去

4. 新闻式写法

新闻营销早已不再新鲜，很多企业和品牌都把新闻营销作为推广营销的手段。用新闻式写法来写作新媒体文案时，电商文案创作者需要以写作新闻稿的方式对某一商品、事件或品牌进行报道。这样消费者在阅读新媒体文案时，就会不自觉地将其当作真正的新闻来进行信息接收，会相信文案的真实性。

小提示

电商文案创作者如果在新闻写作中着眼于精心构思和对题材的巧妙布局，则可以使文章更生动、更新颖、更具有深度，从而最大限度地调动起消费者的阅读兴趣与热情，使新闻的思想性与可读性有机地统一起来。

5. 数据展现法

随着互联网的快速发展，消费者想要获取一款商品的信息变得越来越简单，商品信息也越来越透明，很多知名品牌都是利用真实的数据快速打开了销售市场。新媒体文案结合具体数据，能给消费者留下非常畅销的印象。

6. 抑扬式写法

抑扬式写法即平常所说的"先抑后扬"，其核心理念是利用"欲扬之，却先抑之"的心理落差来打动消费者。新媒体文案首先通过标题或开头展示商品或品牌的缺点，然后再通过这个缺点向消费者展示商品或品牌的优势或卖点。抑扬式写法运用得恰当，可以使文案内容两相对比、跌宕生辉、引人入胜，令消费者留下深刻的印象。

抑扬式写法的关键在于整体上掌握好文案写作的思维模式——抑是为了扬，抑是手段，扬是目的，因此"扬"是写作的重点。

7. 总分总式写法

总分总式写法指新媒体文案首尾呼应，开头提出论点，中间是若干分论点，结尾重申论点。总分总式写法中的"总"是指新媒体文案的总起或总结，是新媒体文案的中心思想；"分"指分层叙述。

总分总式写法就是在新媒体文案开头先点明中心论点，然后在主体部分将中心论点分成几个横向展开的分论点并一一进行论证，逐层深入，最后在结论部分进行归纳、总结和必要的引申。这种写法常用于微信公众号文案的写作。

8. 片段组合式写法

片段组合式写法主要是将能体现共同主题的几个生动、典型的片段有机地组合起来，常用于描写商品特点和烘托品牌。这种方法主要是以叙事的手法来写作，但电商文案创作者在写作时，要注意每个片段的内容不能太多且不能分散主题，一定要多角度地围绕主题来展开推广写作。

8.2 短视频与直播文案写作

对于短视频和直播来说，视频拍摄技巧很重要，但文案内容更是重中之重。文案是吸引用户点击的最直观的部分，优质的文案决定了用户具有较强的点击欲望。下面介绍短视频与直播文案写作的知识。

8.2.1 编写优质短视频文案

每条高流量的短视频都少不了好文案的支撑。文案不仅使短视频更立体、更丰富、更具有传播力，还可以迅速传达短视频创作者的思想和意图，感染用户的情绪，并吸引其关注。

短视频创作者要想撰写出打动人心的好文案，一般要经过以下步骤。

首先，搭建文案框架，即列好文案写作大纲，以确定文案的创作方向。在搭建文案框架时，短视频创作者要弄清楚以下几个问题：文案的目标用户是谁？文案要传递什么信息？文案可以带给用户怎样的情感推动？文案会产生什么结果？

其次，找到文案的切入点。搭建好文案框架后，短视频创作者要对所了解和掌握的信息进行筛选、整理、加工，确定短视频内容的主题和切入点。

最后，将信息转化为文字。短视频创作者要根据确定好的主题，将搜集到的信息转化为文字，形成文案。

8.2.2 短视频热门文案写作

　　目前比较常见的短视频文案主要包括搞笑类、才艺表演、创意特效、萌娃萌宠、励志类、实用技术、"种草"内容电商、探店分享体验等,这些都是热门的短视频内容。

1. 搞笑类

　　搞笑类的用户覆盖范围广,基本所有的用户都可能关注。搞笑类的内容包括讲笑话、搞笑情节剧等。短视频的主要使用情景是用户在碎片化时间里的消遣,当用户看了视频后捧腹大笑时,点赞就成了顺其自然的一种奖赏表达。因此,搞笑类的短视频内容也容易成为热点。

搞笑类

　　与其他类型短视频相比,搞笑类短视频的文案内容要求更高,内容必须有笑点,让人看了有点赞和转发的欲望。

　　图 8-6 所示的抖音昵称为"搞笑日常"的主播就属于搞笑类的主播。该主播在抖音上发布了几十条搞笑段子,吸引了大量的粉丝关注。

图 8-6　搞笑类

2. 才艺表演

　　才艺表演是指通过剧情表演、音乐、舞蹈等所展现出来的一种内容。特别是音乐和舞蹈类的内容,更能吸引粉丝的关注。图 8-7 所示的才艺表演,有 22.3 万次的点赞量,3754

次的评论量，5.9 万次的转发量。

才艺表演类短视频对短视频创作者的要求比较高，他们的表演能力要强，音乐要好听，舞蹈要好看，没有这方面才能的人是无法做这类视频的。

图 8-7　才艺表演

3. 创意特效

创意特效总是吸引人关注的，新颖和具有创造性的视频很受大众的期待，创意特效如图 8-8 所示。

现在跟风拍摄同类型视频的创作者比较多，创作者尝试使用原创特效更能受到用户的喜爱。

图 8-8　创意特效

4. 萌娃萌宠

萌娃萌宠也是受众较多的一类，如把宠物人格化，给它们穿上很多搞怪的服装、给宠物配音说话等，这些视频经常有很高的播放量。

非常可爱的人或者宠物,只需一个动作、一个表情、一句配音就会让用户觉得可爱。那些被吸引的用户会忍不住点赞,并且看了又看,这会让视频爆火。图 8-9 所示为萌宠狗狗的超级模仿秀。

猫、狗、可爱的小宝宝,只要可爱、内容有趣,往往都能吸引用户关注,获得的关注量同样不容小觑。

图 8-9　萌宠狗狗的超级模仿秀

5. 励志类

励志类的内容也比较受欢迎,如果视频能够带给用户正能量、引起用户内心深处的共鸣,这样的内容往往会有很多的评论数与很高的转发量。

励志类的内容很容易引起用户情感上的共鸣,易于转发传播。这类内容用犀利的文案加上出色的表达,打造价值认同感,用户的黏性更强。

图 8-10 所示为励志类短视频,短视频文案正能量满满。

励志类

图 8-10　励志类短视频

69 岁"无腿勇士"夏伯渝成功登顶珠峰

从 26 岁到 69 岁，夏伯渝漫长的大半生都在为了一个目标而前进——登顶珠峰。这期间他双腿截肢、癌症缠身，还遭遇残酷的地震，这些让他一次次与梦想失之交臂，却无法磨灭他走向世界之巅的梦想。他始终以乐观的心态、坚强的意志力去面对挫折，最终成功登顶珠峰。

逐梦道路上不可能总是一帆风顺的，总会有大大小小的阻碍，令人崩溃或者绝望。当你快撑不下去、快要放弃的时候，只要拥有夏老身上这种坚持不懈的逐梦精神，一定能克服重重阻碍，将梦想插在世界的最高峰。为自己的梦想奋斗是多么了不起的事情！

6. 实用技术

实用技术类的视频在抖音上一直很火，实用培训教程、美食类教学、生活技巧类视频都属于这一类型。这类视频的粉丝规模有限，但却更加精准，可以带来更多转化。这类文案内容很好地利用了用户的收藏心理，人们总想着"先点赞收藏，未来可能会用得上"。只要主播有一项还不错的技能，就可以将它拍成视频。

实用技术

无论用户是什么身份，都会与美食发生交集。抖音上也有很多火爆的美食教程类视频，很多年轻用户不会做饭却渴望学做饭，步骤简单、菜式精致的菜谱更适合他们。图 8-11 所示为"家味美食"的短视频账号，该账号详细传授美食制作流程，实用性较强。

在美食教程类短视频中，短视频创作者把每道菜的制作步骤详细地拍摄出来，指导用户制作美食。此类视频的制作成本偏低，实操性比较强。短视频创作者在教用户做菜的同时，可以配上文字进行讲解，还可以搭配酷炫浮夸的动作。

图 8-11 "家味美食"的短视频账号

7. "种草"内容电商

"种草"是源于 Web 时代各类论坛、社区的流行语,是指向用户介绍并宣传某种商品的优良品质,推动其产生购买、消费的行为,是内容电商的重要营销手段。常见的好物推荐、清单等都属于"种草",一般的"种草"行为具有比较强的推销色彩。"种草"类短视频比较适合美妆、服饰、日用品等领域的内容创作。

根据内容的不同,"种草"分为促销型"种草"和"纯种草"两种类型。

促销型"种草"主要是向用户展示实物商品并讲述商品的优点,刺激用户的消费欲望,达成销售目标。绝大多数的"种草"都属于这种类型。而"纯种草"是因为某些非实物商品(如音乐、电影、电视剧等)在短视频平台上并不能作为直接的促销商品,但这些商品也有内容消费的市场。因此,推荐这些内容消费商品的账号则是"纯种草"、不推销的账号。

例如,抖音账号"种草小菌菌"就属于促销型"种草"账号,如图 8-12 所示。它主要向用户推荐各种好用、新奇的生活好物。对于推荐的好物,用户能够点击短视频中提供的商品链接进行购买,所以从前端视频到后续变现的整个过程都实现了完整闭环。

图 8-12 "种草小菌菌"短视频账号

8. 探店分享体验

探店是指短视频创作者亲自到实体店中探访与体验,并将其记录与分享给用户的过程。这类短视频适用于餐饮、旅游行业,可以记录饮食、消费的整个体验过程,向用户展示食物、环境、服务细节等,引导用户进行消费。由于地域限制,探店类的短视频通常会被平台贴上地域标签,基本上只向相关地域定位的用户精准展示。例如,抖音账号"杭州探店"主要向用户提供杭州逛街指南,如图 8-13 所示。它将店铺的特色、商品口味、商品价格等向用户展示,发表体验过程中的感受,让用户就像亲临现场一样。

图8-13 抖音账号"杭州探店"

8.2.3 直播平台电商推广文案写作

直播平台电商推广文案的写作主要包括商品展示、设置直播间封面、直播预告等,下面分别进行讲解。

1. 商品展示

商品展示是直播平台电商推广文案的重要内容。在直播的过程中,主播要清楚地向消费者展示商品的特点,解答消费者对商品的疑惑。商品展示内容需要提前完成写作,写作方式与展示类电商文案类似,这里不再赘述。

> **小提示**
>
> 直播是互动的双向交流,主播千万不要只顾着自己说。在直播过程中,主播要及时了解消费者的需求并回复问题,同时也可以引导消费者提问或回复,让消费者更有参与感。

2. 设置直播间封面

直播间封面就像是直播间的门面,门面是否有吸引力,直接决定了消费者是否会进入直播间。设置了封面的直播间,通常比使用默认头像的直播间的观看人数更多。

直播间封面要干净清晰,模糊不清的直播间封面可能会让消费者看了一眼就走了,错失吸引消费者进入直播间的机会。所以，直播间封面一定要干净清晰，简洁大方的直播间封面更能给人留下好印象。

电商文案创作者可以根据账号鲜明的特点，设置突出账号标签特征的直播间封面。例如，如果你是萌宠主播，封面应尽量与萌宠有关；如果你是卖服装的主播，封面则需要突出服装特点。电商文案创作者尽量不要设置与直播内容毫不相关的封面，这会影响消费者在直播间的停留时长。

3. 直播预告

电商商家在直播前可以先通过预告对直播内容进行清晰的描述和介绍，让消费者提前了解直播内容。消费者看直播除了打发时间之外，还比较关心直播可以为他们带来什么：是价格优惠的商品，还是值得收藏的干货。在直播预告中，主播必须告诉消费者直播主题，说明直播能给他们带来哪些价值，直播主题与价值如图8-14所示。

直播预告中可以设置专门为消费者准备的福利环节，如抽奖、买一赠一、万元红包、终极大奖、特价等，这些是非常具有吸引力和诱惑力的。电商文案创作者在直播预告中应该重点强调这些福利活动，让消费者看了就想来你的直播间。图8-15所示为强调直播福利。

图 8-14　直播主题与价值

图 8-15　强调直播福利

8.2.4　直播预热文案写作

目前直播非常火爆，并且门槛也低，很多人都想开通直播。每场直播之前必不可少的就是直播预告，直播预告离不开直播预热文案的写作。好的直播预热文案能起到画龙点睛的效果，戳中消费者的痛点，勾起他们的好奇心。下面是直播预热文案写作的一些技巧。

1. 标题

直播预热文案标题也是影响消费者进入直播间的关键因素。直播预热文案标题的字数

需要控制在 12 个字以内，必须包含商品的核心卖点或具体的内容亮点，其目的是第一时间让消费者对直播内容产生兴趣。下面介绍写作直播预热文案标题的 6 个技巧。

（1）标题要尽量展示品牌或商品的风格。

（2）标题要触及消费者的痛点。

（3）可以在标题中描绘出消费者的使用场景。

（4）标题内容要简单明了。

（5）标题中要突出主播特征，如可爱、性格"高冷"。

（6）可以在标题中适当透露新颖的玩法，并将其放置到内容简介中，吸引消费者关注你的直播间。

2. 内容简介

内容简介是对标题的解释或对直播内容的概括，字数应控制在 140 个字以内。直播预热文案的内容要简单、不拖沓，可以介绍直播嘉宾、粉丝福利、特色场景、主打商品故事等内容，电商文案创作者要从能够吸引消费者的角度来进行写作。

3. 预告视频

想要提高直播间人气，电商文案创作者还需要在直播之前发一个预告视频。如果这个预告视频上了推荐榜，那么直播间人气自然就会提高。在开播前发布开播预告视频，如果预告视频的完播率、互动率等数据优秀，就会被系统推荐进入更大的流量池，这时候开启直播也能给直播间引流。

直播前的预告视频推广如图 8-16 所示，这时候如果消费者对直播感兴趣，就会点击进入直播间。

图 8-16　直播前的预告视频推广

4. 留下直播悬念

一场直播一般时长为两三个小时，所有的内容依靠直播预热文案是介绍不完的。所以，电商文案创作者要学会设置悬念，留一半藏一半。

5. 打造直播场景

消费者可能无法直接从文字上感受到直播的价值。这时，电商文案创作者可以通过营造与直播主题相关的场景来吸引他们。

6. 内容预告+转发抽奖裂变宣传

直播预热文案内容包括直播时间、直播内容及转发抽奖。直播时间和内容都是直播预告的必备项，文案重点在于说明完成"关注+转评赞"或"转发评论"的消费者，有机会获得红包、大额抵用券等惊喜福利。直播预热文案利用福利抽奖引导消费者转发评论，扩大传播范围，越多的人看到直播预告才会有越多的人进入直播间。

8.3 社群推广文案写作

社群就是社交群体，即一个人群圈子，它将有共同兴趣爱好的人聚集起来，打造一个共同兴趣圈并促成最终的消费，其本质是一个口碑传播的过程。下面介绍社群推广文案的写作。

8.3.1 社群推广文案的形式

社群平台的推广需要在线上策划或开展各种活动。开展社群活动是维持社群活跃度的有效方式，社群推广文案则以活动分享、话题交流等形式呈现，下面对其进行详细介绍。

1. 活动分享

分享是指分享者面向社群成员分享一些知识、心得、体会、感悟等，也可以是针对某个话题进行的交流讨论。专业的分享通常需要邀请专业的分享者，当然也可以邀请社群中表现突出的社群成员，以激发其他社群成员的参与度和积极性。一般来说，社群成员在进行活动分享时需要提前做好相应准备，下面对准备工作进行介绍。

（1）确定分享内容。为了保证分享质量，在社群中进行分享之前，分享者应该对分享内容、流程、分享模式进行确认，还要确认分享内容对社群成员是否有帮助、有启发。

（2）提前通知。分享者在社群内提前通知分享信息，以保证更多社群成员参与。

（3）分享暖场。分享活动开始前最好有主持人进行暖场，营造一个好的分享氛围，同时对分享内容和分享嘉宾进行适当介绍，引导社群成员做好倾听准备。

（4）分享控制。制订相关的分享规则约束社群成员的行为，如分享期间禁止聊天等。

（5）分享互动。设计与社群成员互动的环节，避免冷场。

（6）提供福利。设计一些福利环节以提高社群成员的积极性，或吸引社群成员下一次继续参与。

（7）分享宣传。引导社群成员对分享情况进行宣传，同时总结分享内容，在各社交媒体平台进行分享传播，打造社群口碑，扩大社群的整体影响力。

2. 话题交流

话题交流是发动社群成员共同参与讨论的一种活动形式，组织者先挑选一个有价值的主题，让社群的每一位成员都参与交流，输出高质量的内容。与分享活动一样，话题交流也需要经过专业的组织和准备，下面对准备工作进行介绍。

（1）预备讨论。对于话题交流来说，参与讨论的人、讨论的话题都是必须预先考虑好的。一个好的话题往往直接影响着交流效果。通常来说，简单的、方便讨论的、有热度的、有情景感的、与社群相关的话题更容易引起广泛的讨论。除了确认参与成员、话题类型外，话题组织者、主持人、控场人员等也必不可少，大家要合理分配角色，及时沟通，保证社群交流中不出现意外事件，同时有秩序地进行氛围恰当的交流。

（2）预告暖场。预告是为了告知社群成员活动的相关信息，如时间、人物、主题、流程等，以便邀请更多社群成员参与活动。暖场是为了保持社群成员参与活动的积极性，让活动在开场时有一个热烈的氛围。

（3）进行讨论。进行讨论的流程包括开场白、讨论、过程控制、其他互动和结尾等。

（4）结束讨论。在社群讨论活动结束后，主持人或组织者要对活动进行总结，将比较有价值的讨论内容整理出来，总结活动的经验和不足，并对活动内容进行分享和传播，扩大社群影响力。

8.3.2　社群推广文案的组成要素

不管社群推广文案采用怎样的表现形式，一篇优秀的社群推广文案通常具有以下 4 个要素。图 8-17 所示为社群推广文案。

图 8-17　社群推广文案

（1）商品信息。商家在进行商品挑选和售卖时，要做到与社群成员精准对接、有的放矢，提供和社群成员属性匹配度高的商品和服务，这样社群成员才有可能购买。而做到这些的前提必须是社群经过深度运营，已经有了良好发展。在推荐一款商品时，社群推广文案需要进行适当的商品信息介绍，让社群成员了解详细的信息以确认他们是否需要这样的商品。

（2）链接。为方便社群成员查看或进行相应的操作，社群推广文案中通常都会附带链接，这样也有利于提高转化率。

（3）二维码。社群推广文案中通常没有链接就会有二维码，社群成员可直接扫码查看，十分方便。

（4）提示@所有人。当文案人员作为群主或者推广人员，准备在社群里发布某篇文案时，需要在社群里提示@所有社群成员，以保证他们都能看到这篇文案。否则这篇文案很容易石沉大海，激起的浪花还来不及吸引更多的目光，就被社群成员的聊天记录覆盖了。但也要注意，不要在发送所有内容前都提示@所有人，有意义的、对他人有帮助的才可选择提示@所有人。

8.3.3 社群推广文案的写作技巧

对于一个电商文案创作者来说，无论是活动的举办，还是社群的宣传、商品的变现，文案写作都是一切工作的重中之重。要想写出高质量的社群推广文案，电商文案创作者还需要了解写作的技巧。

1. 写好开头第一句话

不管社群推广文案的措辞多精彩、韵律多和谐，它真正能做到影响社群成员的往往是开头第一句话。写好社群推广文案的开头第一句话，让社群成员迅速了解关键信息，也能确保在第一时间就筛选出精准的社群成员。每一个社群推广文案的诞生都有它的目的，所以整个文案就要围绕着"目的"展开，让社群成员立刻明白你的意图。

2. 输出优质内容

内容是流量的入口，虽然有些社群中很多人都在发广告、卖货，但其转化率并不高。有些人天天在社群里发自创的内容，却无人问津。所以，优质的内容非常重要。内容是社群营销的关键环节，只有输出优质内容去吸引和筛选社群成员，才会让社群成员真正意识到该文案的价值。这样，围绕社群的商业变现模式才会更加丰富多样，获得的回报也会更多。

3. 文案内容要直白简单

内容的直白简单能够保证社群成员对社群推广文案的理解不会产生偏差。电商文案创作者在社群推广文案中使用生僻、专业的词语解释活动和商品信息并不会让人觉得舒服，反而会让社群成员觉得不能理解或不愿意去理解，以致丧失深入了解的兴趣。所以，社群推广文案的关键信息最好用直白简单的语言表示。

4. 打造社群商品的感官形象

一款商品除了性能好之外，一定要给社群成员带来一些高级的感觉，也就是打造社群商品的感官形象。这个感官形象跟社群成员的心理密切相关，如优越感、专属感、亲切感、尊重感、表达感。

5. 商品背书

社群成员在购买某件商品前，最大的顾忌常常就是这个商品是不是真的好，这就是信任顾虑。那么商家该如何解决这一问题呢？大部分商家会想到用数据背书、口碑背书、标准背书、线下背书、权威背书等方式来为商品进行信任背书。

（1）数据背书。这里要特别注意的是，使用阿拉伯数字比使用汉字数字能起到更好的效果。

（2）口碑背书。口碑背书更多是为了增强说服力，让目标受众更加信任和认可，从而提高销售转化机会。

（3）标准背书。如果商家自己是标准的制定者，哪怕这个标准社群成员都没有听说过，也会让他们产生比较强的信任感。

（4）线下背书。比如，商家提供1000家实体店的照片或视频，许多社群成员马上就会增强对商品的信任。

（5）权威背书。权威有一种天然的让人自愿服从的能力，能在不同程度增强商品的说服力。权威一般包括权威专家、权威媒体、权威机构。如果所在领域的权威专家都夸商品好，那么社群成员大多会认为权威专家是专业且挑剔的，跟着权威专家购买准没错。

6. 购买促单

商家可以采取下面的方法来促进社群成员下单购买。

（1）让社群成员先交少量保证金，将商品买回去，使用后有效果再付全款。其实，这种情况下社群成员的退款率很低，因为社群成员可能嫌退款麻烦。因此，只要商品质量过硬，商家就可以采取这种方式，让社群成员迅速成交。

（2）很多商品在购买时会有退款承诺，有的商家不仅退款，还会赠送一个小礼品。这时社群成员如果有需要，就会立即下单购买。

（3）商家可以把商品分成几档，如线上会员卡只卖1000元，但是要想在线下听课，社群成员需要花费5000元。有购买意愿的社群成员通过比较，会觉得线上花1000元听5000元的课很值。

📚☕ 任务实训——撰写直播带货推广文案

✍ 实训目标

为了帮助读者进一步了解直播带货推广文案的相关知识，下面进行本章的实训练习。

✍ 实训内容

写作一篇美妆商品的直播带货推广文案，具体要求包括以下几项。

（1）提前策划编写直播文案，策划好直播要怎么进行、怎么介绍商品、主播怎么跟用户互动等。

（2）在直播中介绍商品时，一定要针对商品的核心卖点做重点介绍。卖点最好在3个左右，抓住最重要的、用户最关心的卖点进行介绍。

（3）在直播中介绍商品的测试效果，抓住用户的痛点——可以使自己变得更美。

（4）采取促销方法，在直播中引导用户下单，如赠送礼品、下单立减等。

实训练习

在文案中策划好直播内容，通过文案介绍把商品的细节充分展现出来，进行商品使用测试并引导用户下单。

实训分析

新人主播刚开始进行直播带货时，商品数量最好不要超过 10 件。主播前期需要先测试直播的效果，熟悉直播的整个流程，掌握用户的消费水平和商品需求，然后进行商品筛选。

好的直播需要不断复盘，主播每次下播后都需要跟自己的团队进行直播复盘，总结当次的直播问题和商品反馈，然后制订直播的优化方案。

知识巩固与技能训练

一、填空题

1. 新媒体行业对文案的要求较传统行业更为平民化，更_____、_____、_____。

2. 新媒体文案按广告目的可分为_____和_____。

3. _____是指企业将商品或品牌信息融入新闻宣传、公益活动、网络视频等传播活动中，使受众在接触这些信息的同时，不自觉地也接受了广告信息。

4. _____写法是指写作新媒体文案必须要逻辑清晰、层层递进、环环相扣，从小到大一步步地进行，每一层都有能吸引消费者的内容。

二、选择题

1. （　　）即能够立刻带来销量的文案。它是介绍商品信息的文案，是为了增加销量而做的引流广告。

    A. 销售文案　　　　　　　B. 传播文案　　　　　　　C. 长文案

2. （　　）是指企业或品牌把纯粹的、带有商品或品牌信息的内容直接、强制地向受众宣传。

    A. 软广告　　　　　　　　B. 硬广告　　　　　　　　C. 短文案

3. （　　）是通过创新思维来挖掘和激活资源组合方式，以提升资源原价值的方法。

    A. 抑扬式写法　　　　　　B. 独特创意式写法　　　　C. 逆向思维法

4. （　　）是直播平台电商推广文案的重要内容。在直播的过程中，主播要清楚地向消费者展示商品的特点。

    A. 直播预告　　　　　　　B. 直播间封面　　　　　　C. 商品展示

三、简答题

1. 新媒体文案的特点有哪些？

2. 什么是逆向思维法？

3. 写作直播预热文案标题的技巧有哪些?

四、技能实践题

练习写一篇旅游类的优质短视频文案（见表 8-1）。

表 8-1　写一篇旅游类的优质短视频文案

步骤	概述	详细操作步骤
第一步	搭建文案框架	在搭建文案框架时要弄清以下几个问题：文案的目标用户是谁？文案要传递什么信息？文案可以带给用户怎样的情感推动？文案会产生什么结果？
第二步	找到文案的切入点	对所了解和掌握的信息进行筛选、整理、加工，确定短视频内容的主题和切入点
第三步	将信息转化为文字	根据确定好的主题，将搜集到的信息转化为文字，形成文案